KB148678

자유학기제 대비 노하우

체험활동이
아이의 미래를
좌우한다

자유학기제 대비 노하우
체험활동이 아이의 미래를 좌우한다

© 박점희, 2017

1판 1쇄 인쇄__2017년 06월 10일
1판 1쇄 발행__2017년 06월 20일

지은이__박점희
펴낸이__홍정표

기   획__1인1책 김준호(www.1person1book.com)

펴낸곳__글로벌콘텐츠
      등록__제 25100-2008-24호

공급처__(주)글로벌콘텐츠출판그룹
      대표__홍정표 이사__양정섭 디자인__김미미 기획·마케팅__노경민 이종훈
      주소__서울특별시 강동구 천중로 196 정일빌딩 401호 전화__02-488-3280 팩스__02-488-3281
      홈페이지__www.gcbook.co.kr 메일__edit@gcbook.co.kr

값 15,800원
ISBN 979-11-5852-142-4 03370

·이 도서의 국립중앙도서관 출판예정도서목록(CIP)은 서지정보유통지원시스템 홈페이지(http://seoji.nl.go.kr)와
 국가자료공동목록시스템(http://www.nl.go.kr/kolisnet)에서 이용하실 수 있습니다. (CIP제어번호 : CIP2017012287)
·이 책은 본사와 저자의 허락 없이는 내용의 일부 또는 전체를 무단 전재나 복제, 광전자 매체 수록 등을 금합니다.
·잘못된 책은 구입처에서 바꾸어 드립니다.

자유학기제 대비 노하우

체험활동이 아이의 미래를 좌우한다

박점희 지음

글로벌콘텐츠

엄마와 함께하는 체험활동이
자녀의 자유학기제를 풍성하게 한다

체험활동은 '백문이 불여일견'이라는 말과 같은 의미로 사용되면서 오랫동안 우리나라 교육의 많은 부분을 차지해 왔다. 특히 제7차 교육과정 개정 이후 조사 또는 탐구하는 학습활동이 강조되면서 체험활동의 비중이 더욱 커졌다. 최근 들어 '창의적 체험활동'이라는 이름으로 새롭게 선보이고 있는 체험활동은 과거의 가르치는 교육, 손으로 만지고 느끼는 오감 교육을 넘어 창의와 인성까지 강조하고 있다.

많은 엄마들은 자녀에게 새로운 것들을 보여주고, 더욱 많은 경험을 쌓도록 하기 위해 노력한다. 이러한 이유 때문에 어디로 가야 하는지, 어떤 교통수단을 이용해야 하는지, 주변의 볼거리는 무엇인지에 대한 고민을 하게 된다.

하지만 조금만 생각을 바꾸면 이러한 고민을 쉽게 해결할 수 있다. 도서관, 은행, 전통시장, 박물관, 전시관, 과학관, 숲, 갯벌, 바다 등과 같은 곳에서 다양한 체험을 할 수 있기 때문이다. 만남과 체험활동 그리고 성찰을 통한 의미

파악으로 이루어진 체험활동은 우리의 삶을 더욱 풍요롭게 한다.

　체험활동은 모두가 겪는 것 같지만 동일하게는 일어나지 않으며, 같은 경험을 했다고 하더라도 개인마다 느낌이 다르다. 직·간접으로 체험한 아이와 그렇지 못한 아이의 차이는 지식의 차이를 만들고, 이러한 차이는 결국 어떤 일을 결정하는 데 밑거름이 되기도 한다. 이와 같은 의미에서 볼 때 경험은 무엇보다 중요하며, 남들보다 많은 경험을 한 엄마는 아이의 멘토가 될 수 있다. 이것이 바로 아이와 엄마가 함께 체험을 해야 하는 이유이다. 물론 아이와 체험활동을 하는 것은 아빠들도 함께해야 할 것이나 저자의 입장에서 멘토맘이라 표현했다.

　엄마와 함께하는 체험활동은 단순히 특정 장소로 가는 것이 목적이 아니라 왜 그곳에 가야 하는지, 그곳에서 어떤 생각을 하고 무엇을 느껴야 하는지, 어떤 이야기를 나누고 체험해야 하는지 등을 함께 나눌 수 있어야 한다.

　하지만 시중에는 이를 자세하게 안내한 체험서가 없기 때문에 아이와 함께 체험을 하기가 쉽지 않을 뿐만 아니라, 체험을 내 것으로 만드는 보고서의 작성 또한 엄마로 하여금 아이와 체험을 더욱 어렵게 만드는 요인으로 작용했다. 다시 말해서 체험 보고서, 관찰 기록문, 견학 기록문, 탐구보고서 등과 같은 다양한 보고서가 멘토맘이 체험활동을 거부하게 만드는 주요 요인이었던 것이다. 이 경우 타인의 과제를 참고하게 되는데, 그것은 어디까지나 다른 이의 체험과 생각일 뿐, 내 자녀가 보고 배운 것이 아니기 때문에 이를 체험활동이라고 하기에는 한계가 있다. "구슬이 서 말이라도 꿰어야 보배다"는 말이 있듯 체험이 단순한 활동이 아니라 자신의 성장 과정을 보여주는 포트폴리오가 되도록 하는 일은 더욱 힘들다.

이 책은 자녀의 체험활동에 동참하고자 하는 이 땅의 모든 멘토맘을 위해 개발된 학습서이다. 필자가 가족과 함께 체험을 계획하고, 자녀와 함께 느끼며, 학습을 마무리하는 과정을 하나하나 따라해 보면서 내 자녀에게 맞는 체험활동이 무엇인지를 고민해 보기 바란다.

끝으로 다양한 결과물을 공유해 주신 수강생과 그 자녀에게 고마움을 표하며, 작업을 도와주신 김미성 선생님께도 감사를 전한다. 그리고 함께 체험하며 아이들에게 이런저런 이야기를 들려준 남편과 성인이 된 지금도 함께하는 큰딸, 많은 결과물을 남기며 이 경험을 바탕으로 한 자소서로 대학을 간 둘째 딸, 그리고 체험을 창의적이고 즐겁게 만드는 아들에게 대견함과 사랑의 박수를 보낸다.

4부 활동 보고서 Tip

1부

내 자녀의
진로를 위한
'놀라운 토요일'
만들기

1 세상 속에서 공부하는
창의적 체험활동

· ·

놀토 어떻게 보낼까?

노는 토요일의 준말인 '놀토'. 이제 토요일에 학교에 간다는 것은 옛일이 되었지만, 토요일에 휴무하는 회사가 늘어나고 공교육이 주5일 수업을 시작하면서 '놀토'라는 신조어가 생겨났다.

학교는 놀토를 '가정학습일'로 이름 붙여 체험, 소질개발, 견학 등 다양한 활동을 하도록 권하고 있다. 2012년부터는 토요일마다 쉬는 주5일제 수업이 전면 시행되었다. 눈 깜빡하면 돌아오는 토요일은 아이와 함께해야 하는 두려운 시간이라고 말하기도 한다. 그렇다고 멘토맘으로서 언제까지 거부만 하고 있을 수는 없다. 하지만 놀토는 금쪽같이 활용하고 싶어도 방법을 모르는 엄마들에게 고민만 가중시키고, 결론을 내리지 못한 채 그저 '놀토'라는 이름답게 노는 날로 보내기 일쑤다.

그래서인지 최근 독서와 운동, 창의력 계발, 문화체험 등의 프로그램을 만들어 학생들이 아주 특별한 토요일을 보낼 수 있도록 불러 모으는 학교들이 늘어나고 있다. 내 자녀가 다니고 있는 학교에서 이런 놀토 프로그램이 진행된다면 금상첨화겠지만 이는 몇몇 학교의 상황이므로 부러워만 하고 있을 수는 없다. 내 자녀에게도 이와 같은 기회를 제공하여야 한다. 늘어난 놀토가 더 이상 '노는 토요일'이 아닌 '놀라운 토요일'이 되도록 하기 위해 멘토맘은 더 부지런히 움직여야 한다. 내 아이가 체험활동도 즐기고, 소질계발도 할 수 있도록. 더욱 보람 있고 알찬 토요일을 열어주어야 한다.

그럼 어떻게 하는 것이 좋을까? 답은 하나다. 바로 체험활동이다. 백문(百聞)이 불여일견(不如一見)이라고 백 번 듣는 것보다 한 번 보는 것이 나으며, 이러한 경험이 학습에 얼마나 큰 영향을 미치는지 우리는 직간접적인 경험을 통해 이미 알고 있다. 하지만 어떻게 실천해야 하고, 어떤 것을 나누어야 하며, 무엇을 학습적으로 연계시켜야 하는지 잘 알지 못하기에 막막하기만 하다.

꿈과 끼를 찾는 놀라운 토요일 만들기

체험활동이란 교과서에서 글이나 사진으로만 봐오던 것들을 시각 외 촉각 등의 다양한 감각을 동원하여 배우고 느끼는 공감각적인 활동이다. 특히 요즘의 체험들은 단순히 눈으로 보는 것 외에도 귀로 듣고, 코로 맡고, 입으로 말하고, 피부로 느끼는 등의 다양한 활동을 함께하고 있다. 예를 들어 아쿠아리움 안에 들어서면 무서운 상어 가죽의 느낌을 체험할 수 있도록 전시해 놓았고, 김치 박물관에서는 다양한 김치를 시식할 수 있도록 하고 있다.

체험활동이라고 하면 우리의 오래되고 빛바랜 유물을 전시한 박물관을 가장 먼저 떠올린다. 그 외 유적지, 관광지 등이 체험활동의 주요 장소가 되고 있다. 이러한 곳을 돌아보는 것은 학습 능력과 매우 밀접하게 연관되어 있다. 대부분이 아이들이 배우는 교과서 속에 한 번쯤 등장한 것들이며, 우리가 꼭 알아야 하는 상식 가운데 하나인 경우가 많다.

하지만 체험활동은 꼭 이렇게 거창한 것만 있는 것은 아니다. 엄마와 함께 장을 보고, 함께 음식을 만들고, 부모님의 구두를 닦아드리고, 동네 한 바퀴를 도는 것도 체험활동이다. 또 부모의 회사나 소방서, 동사무소 등이나 청소년 관련 시설을 통해 직업 체험을 할 수도 있다. 이렇게 늘 하던 일, 늘 가던 곳이지만 새로운 무언가를 발견하고, 알고 느꼈다면 그것이 바로 체험활동인 것이다. 실제 보고 느끼는 활동을 통해 학습을 뇌에 새기게 되며, 학습에 대한 흥미는 물론 성적 향상까지 꾀할 수 있다.

뿐만 아니라 이러한 활동을 통해 자신이 잘하는 것과 잘할 수 있는 것들을 발견하는 계기가 된다. 이러한 체험을 통해 꿈과 끼를 발견하고, 자신의 진로에 한발 더 내디딜 수 있게 된다.

창의적 체험활동으로
꿈과 끼를 발견하자

· ·

창의적 체험활동의 4개 영역

체험활동의 성과가 나타나면서 교육과학기술부는 '창의적 체험활동'이란 이름으로 교육과정 안에 들여놓았다. 주당 2~3시간 이상(초중) 또는 4시간 이상(고등) 배정된 창의적 체험활동은 '주제탐구형 현장체험활동'이다. 기존의 수련활동이나 소풍 등의 행사와는 다르며, 자신의 체험을 스스로가 정리하고 기록하는 활동을 의미한다.

'창의적 체험활동'은 창의·인성교육 강화를 위한 교과 이외의 활동으로, 자율활동, 동아리활동, 봉사활동, 진로활동의 4개 영역으로 편성되어 있다. 자신의 실제 활동 내용과 소감을 중심으로 작성한 활동 내용은 자신의 포트폴리오로 편집·관리된다. 이렇게 만들어진 포트폴리오는 학생들의 잠재력과 소질, 인성 그리고 적성 등을 종합적으로 평가할 수 있는 자료로 학교생활기록부와 연계되어 입학사정관제의 자료로 활용된다.

교육과학기술부가 제시하는 창의적 체험활동은 우리가 일반적으로 알고 있는 체험활동보다 포괄적이다. 남과 더불어 살아가는 태도의 확립, 자신의 진로에 대한 탐구, 자아의 발견과 탐구 등을 요구한다. 하지만 스스로 하는 활동이라는 점은 기존의 체험활동과 같다. 이러한 체험활동이 제대로 이루어지기 위해서는 다음과 같은 조건들을 필요로 한다.

첫째 보고, 듣고, 만지고, 냄새 맡는 등 오감을 자극하는 체험활동이어야 한다. 학교에서 할 수 없는 실험이나 실습, 노작 등을 채워줄 수 있는 신체적 활동이어야 한다는 것이다.

둘째 자녀의 발달 정도에 따른 체험활동이어야 한다. 너무 쉽거나 너무 어려운 경험은 오히려 체험활동을 기피하게 만들 수 있다. 그러므로 체험은 자녀의 연령에 맞고, 자녀의 관심 정도에 맞도록 계획하는 것이 좋으며, 그러기 위해서는 자녀에게 끊임없이 관심을 가져야 한다.

셋째 체험활동은 체험 그 자체여야 한다. 체험활동이라 하여 체험 하나하나가 모두 교과 공부가 되도록 하고자 교과서를 들고 다닌다면 체험의 재미는 사라질 것이다. 체험이 즐거울 때 그것이 자연스럽게 학습으로 연계될 수 있다.

즐거운 학교생활을 만드는 자율활동

　자율활동은 학급회와 학생회 협의 활동 등의 자치활동, 예절과 질서 등의 기본생활습관형성의 적응활동, 수련활동과 문화재답사 및 과학중점학교체험 등의 행사활동, 학교나 지역의 창의적 특색활동 등이 해당된다.

　자율의 중요한 포인트는 얼마나 자기주도적으로 활동을 하였는가에 있다. 학생은 다양한 행사에 참여하여 그 의의와 중요성을 이해하고, 자발적인 참여로 행사 발전을 위해 노력하는 자세를 가져야 한다. 이러한 활동을 통해 참여의식, 공동체 의식 등을 길러야 하며 이 과정에서 자신이 보인 장단점을 파악하고, 자신의 더 나은 미래를 위해 어떤 사고와 노력을 해야 하는지 함께 고민해야 성장을 경험할 수 있게 된다.

　자치활동은 대부분 교내에서 이루어지는 활동으로 1인 1역이나 학급의 부서활동 또는 학급회의 등이 해당된다.

　초등학교의 경우 복도 청소 당번, 칠판 당번, 책상 닦기 당번, 급식 당번 등 반 구성원 개개인에 한 가지씩 주어지는 특별한 임무를 맡기도 한다. 이 1인 1역은 선생님에 따라 실시하기도 하고, 그렇지 않기도 하니 학기 초 학부모총회나 자녀를 통해 확인하면 된다.

　중고등학교의 경우 학생회 협의 활동, 모의 의회, 토론회, 학습부서 활동 등이 여기에 속한다.

적응활동 역시 교내에서 이루어지는 체험활동으로 기본생활습관 형성에 해당하는 학습, 건강, 성격, 교우, 사제동행 등 예절과 질서 등의 활동을 말한다. 이 활동은 주로 3월 신학기에 서로 지켜야 할 규칙들에 대한 약속과 지침이 전달되므로 가정에서도 함께 정리하는 학습을 한다면 일 년이 편안할 것이다. 이 외에도 입학, 진급, 전학 등에 따른 적응활동 등도 포함되니 새 학년이 되었을 때의 행동 요령 등도 함께 지도하자.

행사활동은 교내와 교외에서 진행되는 기념식, 경축일, 학예회, 전시회, 경연대회, 체력평가 및 체육대회 등의 활동을 말한다. 이 외에도 안전생활 훈련이나 장애체험 그리고 수련활동, 현장학습, 수학여행, 문화재 답사 등의 체험이 포함된다. 특히 4월의 과학의 달, 5월의 가정의 달, 6월의 호국보훈의 달, 9월 독서의 달, 10월의 문화의 달 등 특별한 달에 학교에서 이루어지는 행사를 체험과 연결시키면 좋다.

마지막으로 창의적 특색활동은 학생 개인의 특색활동, 학급별로 진행되는 특색활동 또는 학교나 지역에서 이루어지는 독창적인 특색활동 등을 말한다. 예를 들어 우리 반은 매일 두 쪽의 수학 문제를 스스로 풀어오도록 하는 자기주도 학습을 한다거나, 나의 꿈 찾기 프로젝트를 하는 등의 활동을 말한다. 또한 지역 문화재 답사나, 신문 만들기 대회 등과 같은 특색활동 등에 대한 체험을 기록으로 남기면 된다.

관심분야의 다양한 체험 동아리활동

동아리활동은 학교에서 조직한 동아리 중심의 활동을 말한다.

- 외국어회화(會話)나 과학탐구 또는 사회 조사 등의 학술활동.
- 문예나 회화(繪畵) 또는 성악이나 사진 등의 문화예술활동.
- 육상이나 수영 또는 인라인스케이트나 하이킹 같은 스포츠활동.
- 요리 목공 로봇제작 등의 실습노작활동.
- 청소년연맹이나 스카우트 또는 해양소년단 등의 청소년단체활동 등.

초등학교에서는 CA활동이란 이름으로 진행되는 예가 많으며 학교에 따라 학년마다 다른 프로그램이 운영되기도 한다.

중학교와 고등학교의 경우 교육과정 개편에 맞게 동아리란 이름으로 진행되며, 3년간 한 동아리에서 활동하도록 제도화한 학교가 많다. 그래서 동아리활동은 더 신중하게 선택하여야 하며 일회성이 아니기에 자신의 특기적성, 진로와의 연계, 단점 보완 등 여러 가지를 고려하여야 한다.

초등학교에서의 활동은 학년마다 다른 것을 경험하게 하여 다양한 체험을 하는 수단이 된다면, 중고등학교에서의 활동은 나를 만들어가는 활동이 되도록 하는 것이 좋다. 예를 들어 방송 분야의 진로를 생각하는 학생이라면 방송반이나 학교를 대표하는 기자 등으로 활동하면 된다.

이렇게 참여한 동아리활동을 구체적인 활동 내용에 소감을 담아 기록하자. 이때 본인이 가진 특기나 적성, 흥미와 관심사 등과 이 활동을 선택하게 된 동기 등을 함께 기록하면 좋다. 그리고 새롭게 배우게 된 내용을 중심으로 동아리활동 전후로 느끼고 깨달은 점과 달라진 점 등을 작성하면 된다.

학술활동은 교내나 교외에서 이루어지는 활동으로 외국어회화, 과학탐구, 사회 조사, 신문 활용, 발명 등이다. 주로 교과와 관련된 연구 및 탐구활동이 이에 해당된다.

문화예술활동은 문예, 회화, 조각, 서예, 성악, 기악, 뮤지컬, 오페라, 연극, 영화, 방송, 사진 등이다. 흔히 예술과 창작이라고 말하는 활동이 이에 해당된다.

스포츠활동은 구기운동, 육상, 수영, 체조, 인라인스케이트, 배드민턴, 씨름, 태권도, 검도, 택견, 무술, 하이킹, 야영 등이 이에 해당된다. 다양한 신체활동으로 스포츠 역량을 강화시키는 활동이다.

실습노작활동은 요리, 수예, 재봉, 꽃꽂이, 재배, 조경, 설계, 목공, 로봇제작 등이 해당된다. 학생이 직접 배운 이론을 적용하여 실제로 만들어 보는 활동이다.

청소년단체활동은 컵스카우트, 걸스카우트, 청소년적십자, 우주소년단, 해양소년단, 누리단 등이 있다. 정부나 지방자치단체, 민간에서 설립한 청소년 시설 등에서 운영하는 각종 동아리가 해당된다.

나눔과 배려를 익히는 봉사활동

봉사활동은 학교 계획 또는 자율적인 계획에 의한 봉사활동을 기록하는 것을 말한다. 학습부진 친구 또는 장애인 돕기 등의 교내 봉사활동, 복지시설이나 공공시설 등의 지역사회에서의 봉사활동, 학교 주변 정화나 저탄소 생활습관화와 같은 자연환경 보호활동, 그리고 공공질서나 교통안전 등의 캠페인활동 등으로 나뉜다.

초등학교의 경우 연간 5~10시간 이상을 권장하고 있고, 대부분 학교 운동장 청소나 아침 먹기 운동과 같은 캠페인 등으로 학교가 필요한 봉사 시간을 해결해 준다. 중학교의 경우 연간 10시간 이상의 봉사를 권장하고 있으며, 1년에 18시간을 하면 8점, 15시간 이상을 하면 7점, 그 이하는 6점을 부여한다. 학교에 따라 다르기는 하나 학교가 주도적으로 나서서 8~10시간의 교내 봉사 또는 교외 봉사로 활동하기도 한다. 이런 경우 스스로 봉사는 8~10시간만 하면 된다. 고등학교 역시 연간 10시간 이상의 봉사를 권장하고 있으며 대학에 따라 반영 비율이 다르기 때문에 18시간은 기본으로 활동하는 것이 좋으며, 많게는 25시간 정도 활동하는 것이 좋다.

봉사를 단순한 봉사로 생각한다면 이것저것 따질 필요 없이 꾸준히 하면 좋지만, 대학을 지원할 때 필요한 영역으로 본다면 봉사활동의 목적이나 취지 등이 자신의 미래와 연관되는 것이 좋다.

봉사활동을 선택할 때에는 동기나 배울 점 그리고 사회기여 등의 의미가 구체적으로 드러나는 활동, 즉 나의 꿈과 관련되거나 재능을 나눌 수 있는 봉사가 실질적인 도움이 될 수 있다. 하지만 내 입맛에 맞는 봉사를 구하기란 쉽지 않으며, 그런 곳이 있다 하더라도 갖추어야 할 예절 등을 살펴 나에게뿐만 아니라 봉사를 받는 쪽에도 누가 되지 않아야 할 것이다.

봉사를 한 후에는 봉사활동의 선택 배경과 활동과정, 나의 임무와 느낀 점이나 사회기여에 대한 생각의 변화 등을 기록하고 봉사할 때의 어려웠던 점이나 자신이 생각한 개선점 등도 함께 기록한다. 그러면 시간 외의 증거 자료가 마련되고, 자신의 에세이(자기소개서)도 풍부해질 것이다.

교내 봉사활동은 학교 운동장 청소, 학습부진 친구와 함께하기, 다문화가정 친구 돕기 등이 해당된다.

지역사회 봉사활동은 지역사회 청소, 복지시설이나 공공시설에서의 봉사와 불우이웃돕기, 고아원, 양로원 등에서의 위문 활동 또는 국제 협력과 난민 구호 등이 해당된다.

자연환경 보호활동은 자연보호, 식목활동, 녹색 성장 활동, 공공시설물 보호, 문화재 보호 등이 해당된다.

캠페인활동은 공공질서, 교통안전, 학교 주변 정화, 환경 보전, 헌혈 등 다양한 주제에 대한 캠페인이 해당된다.

미래를 열어가는 진로활동

진로활동은 진로나 적성 또는 생활 등에 관한 상담을 기록하는 진로 상담, 직업 세계의 이해나 진로 계획 등의 진로탐색 또는 진로체험활동, 자격증 및 인증 취득을 위한 활동 등으로 제한한다.

대부분의 초중고등학교가 진로 체험의 날을 일 년에 한두 차례 이상 운영하고 있다. 진로 체험의 날은 다양한 형태로 이루어지는데 대부분 강사를 초빙하거나, 직업의 현장에서 직접 체험하도록 하고 있다. 강사 초빙의 경우 치과의사, 화가 등 다양한 직업을 가진 학부모나 사회에 진출한 선배들이 일일 강사가 되어 교단에 선다. 학생들은 이들을 통해 직업의 매력과 보람 있었던 일, 그리고 직업을 가지기 위해 한 노력 등을 듣는다. 직업의 현장 체험의 경우 부모나 지인의 근무지를 찾아가 그들의 직업을 직접 체험하고 보고서를 작성하여 제출하도록 하고 있다.

학교에서 이루어지는 진로활동은 이밖에도 진로적성검사 등이 있다. 보통 중고등학생을 대상으로 연 1회 또는 해당학교 3년 중 1~2회 실시하는데 이 결과를 바탕으로 학생 개개인의 진로를 상담하기도 한다.

자라는 친구들의 꿈이 한결같기란 쉽지 않다. 특히 무엇이든 꿈꾸기만 하면 될 것 같은 초등학생들은 선생님, 가수, 경찰관, 축구선수 등의 다양한 꿈을 한꺼번에 꾼다. 하지만 사춘기를 겪고 성적이 눈에 보이는 중학생이 되면 그 많던 꿈들이 하나둘 잘려나가고 무엇을 해야 할지 알 수 없게 된다. 그러다 보니 부모도 자녀도 진로에 대해 고민할 수밖에 없다. 그러면서 대입을 눈

앞에 둔 고등학생이 되면 다양한 진로적성검사와 공부 성과에 알맞은 직업을 선택하게 된다.

물론 처음부터 한 가지 꿈을 향해 걷는 친구들도 있다. 그래서 일찍부터 목표를 정하고 그 목표를 향해 걸어가기도 한다. 하지만 이는 근본적으로 어려운 일이다. 그러니 이러한 진로활동을 통해 꾸준하게 자신의 진로를 고민하고, 길을 찾도록 해야 할 것이다.

진로 상담활동의 기록은 상담의 동기와 내용, 소감 등을 쓰면 된다. 자격증을 취득하였다면 취득하게 된 동기와 목적, 그리고 자격증을 취득하는 과정에서 배운 점과 느낀 점 등을 기록하면 된다.

자기 이해활동은 자기 이해 및 심성 계발, 자기 정체성 탐구, 가치관 확립 활동, 각종 진로검사 등이 해당된다. 특히 진로를 선택하는 데 있어 가장 중요한 것이 자기 이해인 만큼 각종 진로검사를 충실히 하여 자신의 장점과 단점을 잘 파악하도록 한다.

진로 정보 탐색활동은 학업 정보 탐색, 입시 정보 탐색, 학교 정보 탐색, 직업 정보 탐색, 자격 및 면허제도 탐색, 직장 방문, 직업 훈련 등이 해당된다. 자격이나 면허의 경우 고등학교 학생들을 대상으로 한 기술자격증만 인정된다. 그러므로 너무나 많은 자격증에 연연해하지 않아도 되며, 유효기간의 유무도 반드시 확인하여야 한다.

진로 계획활동은 학업 및 직업에 대한 진로 설계, 진로 지도 및 상담활동 등이 해당된다.

진로 체험활동은 학업 및 직업 세계의 이해, 직업 체험활동 등이 해당된다. 이때 개인의 계획에 의한 진로 체험활동은 나이스 학생서비스에 기록할 수 없으니, 학교에서 실시하는 활동에 참여하도록 한다.

3 미래를 위해 쉬어가는
자유학기제

· ·

스스로 공부하고 진로를 찾아가는 시기

2016년부터 전면 시행된 자유학기제는 정부의 핵심 교육공약으로, 한 학기 동안만이라도 시험 부담 없이 자신의 꿈과 끼를 찾는 기회를 가져야 한다는 취지에서 마련되었다. 이러한 자유학기제는 도입 목적이나, 지필고사 생략, 지역사회와의 협업을 통한 진로체험 등에서 아일랜드의 전환학년제와 닮아 있다.

하지만 우리나라의 자유학기제는 6개 학기 중 한 학기 동안 시행되고, 아일랜드의 전환학년제는 고 1의 시기에 직업과 관련한 선택과목을 배운다는 점에서 차이가 있다.

자유학기제의 특징 두 가지는 중간과 기말 등의 시험 부담을 없앤 정규 교과수업과 꿈과 끼를 찾을 수 있도록 진행하는 체험활동이다.

자유학기제 대비 노하우 체험활동이 아이의 미래를 좌우한다

정규 교과수업은 중간과 기말 등의 시험 부담을 없애는 대신, 기존의 주입식 교수 방식에서 벗어나 학생이 중심이 되어 적극적으로 참여하며 배우는 토론과 실습 등의 수업 개선에 초점을 맞추었다. 자유학기제의 특징이 이러하다 보니 학생들은 이 시기를 '자유롭게 노는 학기'로 생각하는 경우가 많다. 그러나 중간과 기말의 시험을 보지 않을 뿐, 실제 수업태도, 참여도, 과제 등 다양한 방식의 평가가 이루어진다. 학교에 따라 퀴즈대회, 직업 조사서 작성, 토론 보고서 작성 등의 수행이 제시되고 이러한 것들을 토대로 서술형 또는 쪽지시험 등의 형성평가도 이루어지기 때문에 안이하게 생각하면 곤란하다.

체험활동은 진로탐색 등의 경험 기회를 제공하여 꿈과 끼를 찾도록 돕는 것에 목적을 두고 있는 교육 과정이다. 진로탐색활동, 동아리활동, 예술·체육활동, 선택 프로그램 활동 등으로 채워진다. 이 밖에도 한 학기에 두 차례 이상, 학생 스스로 진로체험 계획을 세워 학교에 등교하지 않고 종일 체험활동을 하는 프로그램도 실시되고 있다.

이렇게 좋은 취지로 전면 실행되었지만 자유학기제에 대한 우려의 소리가 여기저기에서 나온다.

"자유학기제를 하면 학력이 떨어진다면서요?"

"공부해서 대학 가기도 바쁜데 자유학기제 같은 것을 왜 하나요?"

"교과 진도 나가기도 바쁜데 자유학기제까지 해야 하니, 시간이 빠듯할 거고 질도 문제가 될 것 같아요!"

그런데 이러한 우려는 하나만 알고 둘은 모르는 이야기다. 노동시간을 예로 들어보자. 우리나라는 노동시간으로 따지면 OECD 국가 중 단연 1위다. 그러나 시간당 노동생산성은 34개국 중에서 28위로 하위권에 머물고 있다. 다시 말해 무조건 공부만 시킨다고 능률이 오르는 것은 아니라는 이야기다.

업무효율성을 생각해 보아야 한다. 이는 학습에서도 마찬가지다. 주입식 교육으로 진로에 대해 생각해 볼 기회조차 없던 학생들에게 자신의 길을 고민하고, 목표를 가지므로 인해 학습 능률을 올려 꿈에 대한 방향성을 잡고 스스로 공부할 수 있도록 만들고자 하는 것이다. 그래야 앞만 보고 달리는 것도 가능해진다.

문제는 진로탐색과 관련하여 커리큘럼이 다양하지 못하고 실질적이지 못하다는 것이다. 그도 그럴 것이 수많은 학생들의 꿈과 끼를 모두 고려하기엔 현실적인 어려움이 있다. 또 아직 자신의 관심사를 찾지 못한 친구들도 있기에 모두 배려한다는 것은 쉽지 않다. 그래서 학부모의 도움이 필요하다.

더 멀리 뛰기 위해 출발선보다 뒤에서 도움닫기를 하는 것과 같이, 지금은 목표를 찾기 위한 숨고르기 중이라고 생각하면 좋겠다. '이런 걸 왜 하느냐?'는 시선이 아니라 자신이 해야 할 바를 스스로 찾을 수 있도록 도와주는 것이 중1 학부모의 일이라 생각한다.

단순한 견학에서 체계적인 고민으로 발전해야

자유학기에는 학생들의 희망에 따른 동아리활동, 예술·체육활동 및 선택 프로그램 참여로 다양한 체험을 하고, 여러 직업의 사람들을 만나고 직접 방문도 하면서 끊임없이 자기 자신을 탐색하는 시간을 가지게 된다.

해 보지 않으면 내가 무엇을 할 수 있는지, 그것을 좋아하는지 아닌지 알 수 없다. 하모니카에 소질이 있다는 것을 은퇴 후 처음 방문한 백화점 문화센터에서 알았다는 어느 인생선배의 이야기처럼. 학생들도 다양한 체험활동을 통해 무엇을 할 수 있는지 어떤 것이 나와 맞고 좋은지 알게 되고, 자신의 꿈과 끼를 찾아가는 행복한 시간이 될 것이다.

자유학기제는 중학생을 대상으로 하지만, 진로 체험활동은 이미 초등학교와 고등학교에서도 실시되고 있었다.

초등학생 시기는 진로 인식의 단계다. 가정에서 도울 일은 직업에 대해 좋은 감정을 갖도록 하는 것이다. 예를 들어 '그 직업은 힘들어', '그건 돈을 못 벌잖아'와 같은 부정적인 말이 아니라, '네가 좋아하는 게 무엇인지 함께 생각해 볼까'와 같이 긍정적으로 도와주어야 하는 시기다. 자녀가 다양한 분야의 책 가운데 어떤 분야에 관심 있어 하는지, 박물관 등의 체험에서 관심을 가진 특정 주제는 무엇이었는지 함께 생각해 주어야 한다. 이 시기에 학교에서 실시하는 진로수업은 대부분 부모님이나 친인척의 직업을 체험하도록 유도하며, 지역 지인들을 통해 직업인과의 만남 시간을 갖도록 하고 있다. 이러한 예는 다양한 직업을 만난다는 점에서는 유익한 시간이기는 하나, 학생에 대한 객관적인 평가와 학생이 원하는 직업에 대한 구체적인 정보를 제공할 수 없다는 점에서 아쉬운 시간이다.

자유학기제에 해당하는 중학교는 진로탐색의 시기이고, 고등학교는 진로를 결정하는 시기이다. 하지만 고등학생 친구들은 고등학생이 되어서야 진로를 탐색한다. 내가 무슨 일을 할 수 있을지, 어떤 직업이 있는지, 누구를 롤모델로 삼아야 하는지 등, 대학 입학을 앞두고 중학교에서 했어야 할 탐색을 하는 것이다. 그러다 보니 시간에 쫓겨 성적과 타협한 진로를 결정하게 된다.

앞으로의 체험활동은 달라져야 한다. 다양한 직업을 아는 데서 그치는 것이 아니라, 내가 좋아하는 분야인지, 할 수 있는 일인지, 구체적으로 어떤 일을 하는지 살펴보아야 한다. 그리고 그러한 직업을 갖기 위해서는 어떤 진로를 따라 계획해야 하는지도 고민해 보아야 한다. 그것이 제대로 된 진로탐색이다.

예를 들어 교사를 꿈꾸더라도, 초중고등교사 가운데 어떤 것을 원하는 것인지, 다양한 과목 가운데 어떤 과목을 가르치고 싶은지 등을 생각해 보아야 한다. 또한 초등교사와 중고등교사의 진로가 다르므로 어떤 과정을 거쳐야 하는지도 구체적으로 살펴보아야 한다. 또한 다양한 인·적성 검사를 통해 자신이 어떠한 직업에 맞는 유형인지도 알아보아야 한다.

"아직 나이도 어린데 직업을 벌써부터 정해요?"
"애들은 꿈을 자주 바꾸잖아요."

이러한 걱정을 할 수도 있다. 평생 좋아해야 할 직업을 중학교부터 결정하게 한다는 것은 무리일 수도 있다. 하지만 자유학기제는 하나의 직업을 선택하고 그것이 맞는지 확인하는 것과는 거리가 멀다. 자신이 무엇에 관심 있는지, 어떤 것을 할 수 있는지 알게 하고, 왜 공부해야 하는지 알게 하며, 진학 준비를 어떻게 해야 하는지에 대한 과정을 스스로 생각하고 이끌어갈 수 있게 하는 목표다. 즉, 진로탐색을 통해 학습 태도의 긍정적 변화를 유도한다는 것이다.

그러기 위해서 학교에서는 현장 방문 외에도 캠프, 프레젠테이션 등 다양한 연계 프로그램을 진행한다. 그리고 제한적인 직업군을 폭넓게 인식할 수 있도록 돕는 역할을 한다. 이 세상의 매우 다양한 직업을 알고, 그것들의 가치도 새롭게 알아보는 흥미 있는 시간이 될 것이다.

이러한 자유학기제가 잘 정착하기 위해서는 가정의 도움이 필요하다. 우선 진로 교육을 받으면 공부에 집중하지 못할 것이라고 생각하고, 또 진로 교육은 쓸데없는 교육으로 치부하기 쉽다. 그러나 자유학기 중에도 교과수업은 진행되고 있으며, 앞서 이야기한 바와 같이 무조건 노는 학기가 아니라는 것을 가정에서 먼저 인식하여야 한다. 그리고 진로 교육은 학습해야 하는 이유를 알아가는 시기라는 것을 인식해야 한다. 무조건 시켜서 억지로 하는 학습이 아니라, 왜 해야 하는지를 스스로 알아가는 시기라는 진로 교육의 필요성을 알아야 한다.

진로 교육은 크게 자기 이해와 세계 이해로 나뉜다. 자기 이해는 자신의 흥미, 적성, 성격, 가치관 등을 알아가는 것이고, 세계 이해는 다양한 직업 세계와 미래의 트렌드를 알아가는 것이다. 자기를 이해한다는 것은 단순히 스스로 해결할 수 있는 것이 아니다. 나를 돌아볼 기회가 많지 않았던 중1학생들에게는 친구나 가족이 말하는 나도 매우 중요하다. 아이에게 많은 관심을 가지고, 함께 이야기 나누고 도와주어야 한다. 부모가 정한 길을 가도록 강요한 것이 아니라, 아이 스스로가 길을 찾을 수 있도록 도와주어야 하는 것이다.

창의적 체험활동을
성공으로 이끄는 7가지

bonus

체험활동 나들이 전략

부모가 자녀와 함께 체험활동을 하는 가장 큰 목적은 학습능력 향상을 위함일 것이다. 하지만 어떻게 해야 학습에 도움을 줄 수 있을지 막막하기 짝이 없다.

"갯벌에 갔었는데 바닷물만 가득하고 펄은 보이지도 않더라고요."
"봄도 되고 해서 식물원 갔다가 꽃은 못보고 추위에 떨다 왔어요."
"지역 축제에 갔었는데 축제인지 동네잔치인지 허탈하더라고요."

직접 체험하는 것이 백 번 말로 듣는 것보다 학습적으로 얼마나 큰 효과를 내는지 알고 있지만 무턱대고 체험한다고 해서 모두 학습적으로 큰 효과를 거둘 수 없음을 이미 한 번쯤 경험한 이들이 있을 것이다. 자녀가 체험활동도 즐기고, 소질계발에도 도움 되며, 무엇보다 진로에서도 한 걸음 나아갈 수 있도록 하기 위해서는 계획이 필요하다.

체험 캘린더 만들기

새해를 달력에 가족들의 생일을 기록하고, 행사일에 동그라미를 치듯, 체험활동이 가능한 날들을 꼽아보자. 아! 물론 이렇게 계획했다고 해서 제 날짜에 떠나야 하는 것은 아니다. 하지만 무작정 떠나는 여행보다 예정된 시간표대로 떠나는 여행이 더 알차게 채워질 수 있다. 자녀들의 시험기간과 다른 단체 활동 등도 고려하여 한 달에 한두 번 동그라미 친 체험 캘린더를 완성하면 된다.

달력에 기록할 때 또 하나 참고하면 좋을 것은 계절과 월별 행사 그리고 학교 행사 등이다. 봄과 가을은 바깥 체험이 즐겁지만 더운 여름과 추운 겨울은 외부 활동에 적합하지 않다. 문화의 달 10월은 숲 속 음악회나 야외 예술 공연을 쉽게 접할 수 있고, 겨울이 시작될 무렵 김치박물관을 찾는다면 생활과 체험이 하나로 이어져 교육에도 큰 도움이 될 수 있다. 이렇게 여러 가지를 참고하고 고려하면 더욱 다양하고, 알차며, 저렴한 체험을 즐길 수 있다.

서울시 누리집 www.seoul.go.kr

4월	과학의 달	9월	독서의 달
5월	가정의 달	10월	문화의 달
6월	호국보훈의 달	11월	불조심 강조의 달
7월	자연의 달	12월	민속의 달

체험 목적 파악하기

그렇다면 체험 계획은 어떻게 설계해야 할까?

우선 체험활동의 목적을 생각해야 한다. 목적에 따라 체험의 종류와 장소가 정해지며, 체험 방법 그리고 준비해야 할 것들이 달라진다.

예를 들어 부모님의 직업을 체험해 보고 싶다면 체험 종류는 진로활동이 될 것이고, 장소는 부모님의 근무처가 될 것이며, 준비해야 할 것은 카메라와 필기도구 정도일 것이다. 또 조선의 왕실에 대해 알고 싶다면 체험 종류는 자율활동이 될 것이고, 장소는 경복궁 정도가 될 것이며, 준비해야 할 것은 사전 지식 정도가 될 것이다.

체험 장소 정하기

체험의 장소는 목적에 적합한 곳이어야 한다. 이때 시간의 여유에 따라 가정에서 체험할 것인지, 가까운 곳으로 갈 것인지, 아니면 멀리 떠날 것인지 등을 선택하면 된다. 체험활동을 제대로 즐기기 위해서는 여러 가지 조사도 하고, 시간 계획도 세워야 한다.

체험활동 연간 계획표					
월	주	체험 목적	체험 종류	학습주제	체험 장소
1	1				
	2				

이때 자녀가 배우는 교과서를 참고하면 체험 장소를 선정하기 쉽다. 교과서 속에 등장하는 주제와 장소를 참고하면 되기 때문이다.

체험활동회의와 사전 조사

민구네가 1박 2일의 속초 가족여행을 준비하는 회의 모습을 살펴보자.

민구: 아침에 해 뜨는 거 보고 싶어요.

아빠: 대포항에서 회도 먹고.

엄마: 설악산에 올라보는 것은 어때?

우진: 흔들바위 아니면 울산바위?

유진: 설악에 온천도 있잖아.

엄마: 그럼 몇 가지 조사도 하고 순서도 정해야겠는데.

아빠가 스마트폰으로 이것저것 검색한다.

아빠: 대포항이 공사 중이라네. 속초항에서 회를 먹어야겠는데.

민구: 아빠! 해는 몇 시에 떠?

아빠는 다시 스마트폰을 뒤진다.

우진: 새벽에 출발해서 도착하면 바로 설악산 올라가자.

엄마: 그럼 새벽에 엄마가 운전해서 출발하고, 도착해서 바로 산에 올라갔다 내려와서 온천으로 피로 풀고, 그 다음에 속초항에서 회를 사서 콘도에서 먹고 쉬면되겠다. 그리고 다음날 아침 일찍 일어나서 해 뜨는 거 보자.

민구네는 회의를 통해 체험여행의 계획을 세웠다. 만약 미리 계획을 세우지 않고 떠났다면 어떻게 되었을까? 코스나 시간 등을 효율적으로 이용하기 위해서는 사전에 조사를 통해 가고자 하는 곳의 현재 상황을 파악하고, 일정도 정리하는 것이 좋다. 물론 체험을 떠날 때마다 거창한 계획을 세우고 갈 수는 없을 것이다. 하지만 예정된 체험이라면 가급적 계획을 세운 후에 떠나도록 하자.

체험 계획 세우기

제주도 체험여행을 목적으로 작성한 여행 계획표를 살펴보자. 가는 날부터 돌아오는 시간까지 필요한 것들을 정리하여 기록해 두었다. 이렇게 작성한 1장의 계획서만 있으면 여행을 헤매지 않고 잘 마무리할 수 있다.

일시		여행 계획 내용
9/18 (토)	오전	* 아침식사: 집에서 먹고 출발 – 주차(국내선 청사 2층 고가도로 1Exit 오렌지 색상의 모자, 02-2660-****) – 항공권(대한 1588-20**, 제주 064-711-****)
	정오	– 제주 공항 도착 (13:15) – 렌트카: 공항 1층 1번 Gate 옆 * 점심식사: 펜션 이동 중 식사 – 숙소: 펜션(남원읍)
	오후	* 저녁식사: 서귀포시에서 – 퍼시픽랜드
9/19 (일)	오전	* 아침식사: 펜션에서 – 제주신영영화박물관
	정오	– 정방폭포 * 점심식사: 서귀포시에서 – 서귀포잠수함선착장(문섬), 천지연폭포, 이중섭거리
	오후	– 감귤박물관 * 저녁식사: 펜션에서
9/20 (월)	오전	* 아침식사: 콘도에서 – 제주민속촌박물관
	정오	* 점심식사: 주먹밥 – 섭지코지, 올인하우스
	오후	– 김녕미로공원 * 저녁식사: 공항에서 – 차량 인수

체험활동의 적당한 양

'어렵게 온 체험활동이니 본전은 뽑고 가야겠다.'
'이왕 왔으니 하나도 빼놓지 않고 둘러보자.'

　제한된 시간 안에 구석구석을 둘러보고, 많은 것을 체험해야 한다며 양에 욕심을 내다보면 수박 겉핥기식 체험이 될 수 있다. 또 체험은 힘들고 지겨운 것이라는 인상을 남겨 다시 발걸음하기 어렵게 만들기도 한다. 해야 할 체험이 많고 다시 발걸음하기 힘들더라도, 한 번 체험으로 모든 것을 체험하겠다는 생각은 버려야 한다.

　문경을 1박 2일로 가게 된 유경이네의 회의 내용을 살펴보자.

엄마: 문경8경 중에 하나는 가 봐야 하지 않을까!

유경: 난 드라마 세트장 가보고 싶은데... 약돌한우도 꼭 먹고 싶어.

상원: 철길자전거는 우리나라에서 하나밖에 없다니까 꼭 타자.

아빠: 문경새재는 가 봐야지! 그리고 약돌돼지가 더 맛있다는데.

상원: 그럼 한우도 먹고, 돼지도 먹으면 되지.

엄마: 그런데 이걸 다 할 수 있을까?

엄마: 내려가면 한두 시는 될 거니까 오후에 석탄박물관 갔다가 저녁으로 약돌돼지 먹고, 다음날은 아침 일찍 일어나서 문경새재 중간 정도 갔다가 되돌아오면서 드라마 세트장 들리고, 점심으로 약돌한우 먹고 집으로 오면 되겠다.

상원: 그럼 철길자전거는 안 타?

엄마: 상원아! 요즘 날씨가 뜨거우니까 그건 다음 기회로 미루자.

이러한 선택과 조절은 체험지에서도 필요하며, 적당한 양을 유지할 때 유익한 체험활동이 될 수 있다.

1. 체험활동의 성공은 사전 준비부터

체험하고자 하는 주제가 선정할 때 아이 수준부터 체크하자. 그리고 체험활동을 통해 무엇을 얻을 것인지 목표를 정한다. 체험 주제와 목표가 정해지면 인터넷, 책, 관련 자료를 통해 사전 조사를 한다. 이때 아이 혼자 하기보다는 가족과 함께하는 것이 좋다. 그리고 체험을 어떤 순서로 할 것인지 계획을 꼼꼼히 짜야 한다.

2. 한 가지를 보더라도 구체적으로

대부분의 부모들은 본전을 뽑기 위해 그곳의 모든 것을 보려 한다. 하지만 모두를 보기란 쉽지 않으며, 다 보려면 그만큼 힘들어서 다음 체험을 기약하기 힘들어진다. 그래서 많이 보는 것보다 국보, 시대별 등 주제를 정해 하나라도 제대로 보도록 하는 것이 좋다.

3. 체험활동을 말 그대로 체험활동

체험활동의 결과가 학습과 연결되면 더없이 좋겠지만, 부모의 욕심으로 체험 전 공부에 중점을 두면 체험의 좋은 효과도 학습적 결과도 기대하기 힘들다. 그러므로 이론적인 욕심보다 체험을 통해 경험하고 배울 수 있도록 하자.

4. 오감을 이용한 신체활동을 하자

보고, 듣고, 만지고, 냄새 맡는 등의 오감을 동원하는 체험활동은 직접적인 경험이 되어 자녀의 지식과 지혜를 풍부하게 만들어준다. 눈으로 감상만 하는 체험이 아닌 함께 동참하고 즐기는 신체활동을 하도록 하자.

5. 창의적인 보고서를 쓰자

체험활동 보고서는 다양한 형태로 쓸 수 있다. A4 용지나 원고지 또는 스케치북 등을 이용하여, 그림을 잘 그리면 그림으로, 글을 잘 쓰면 글로 나타내면 된다. 이렇게 나만의 방법으로 창의적인 보고서를 쓰도록 하자.

2부

우리 아이들은
직업과 진로를
어디까지
고민하고 있을까?

1 우리는 얼마나 많은 직업을 알고 있을까?

· ·

직업 진로 정보는 어디에서 찾지?

우리는 얼마나 많은 직업을 알고 있을까? 일반인들이 평균적으로 알고 있는 직업의 수는 30개 남짓이라고 한다. 대부분은 겉으로 드러나는 직업만을 생각하다 보니 직업이 다양하지 못하며, 그 속에서 선택하려고 하다 보니 한계가 생기는 것이다.

Q1 우리는 직업을 얼마나 알고 있을까?

" 전 이다음에 선생님 할래요. 초등학교 1학년 담임 선생님이요 "

나의 어릴 적 꿈 이야기다. 내가 이런 선생님이라는 직업을, 그것도 1학년 담임이라고 콕 집어 이야기한 이유는, 나의 초등학교 1학년 담임 선생님의 영향이 컸기 때문이었다. 친절하시고, 엄마 같은 모습에서 나도 이런 사람이 되고 싶다는 꿈을 꾸었던 게다.

우리는 대게 자신의 주변에서 꿈의 계기를 갖게 되고, 목표를 가지게 된다. 그래서 대부분의 어린 친구들이 교사, 의사, 경찰, 연예인 등의 꿈을 꾸는 것인가 보다. 늘 가까이 있어서 친숙하고, 많이 접해서 어느 정도 알고 있으며, TV등을 통해 정보가 있는 그러한 직업 말이다.

최근에는 미디어의 영향으로 '군인'과, '요리사'를 꿈꾸는 친구들이 많아졌고, 장래 희망으로 예체능 분야를 첫손가락에 꼽는 친구들도 늘어났다. 한국보건사회연구원과 서울대 사회복지연구소가 초등학교 4~6학년생 458명을 대상으로 조사한 '2015년 한국복지패널 기초분석

초등학생(4~6학년)들이 뽑은 1순위 희망 직업
단위:%

문화, 예술, 스포츠 전문가 및 관련직	40.49
교육 전문가 및 관련직	12.15
조리 및 음식 서비스직	10.42
보건 사회복지 및 종교 관련직	7.81
법률 및 행정 전문직	6.26
과학 전문가 및 관련직	5.55
미용, 숙박, 여행, 오락 관련직	5.07

자료: 한국보건사회연구원

보고서'에 따르면, 조사 대상의 40.49%가 운동선수·가수·연기자·만화가·영화감독 등 문화·예술·스포츠 분야를 1순위로 들었다. 2순위로 이 분야를 선

택한 학생도 38.0%나 됐다. 다음으로 12.15%의 학생들이 대학 교수와 초·중·고 교사 등이 포함된 교육전문가 분야를 희망했다. 이어 3위인 10.42%는 한식·양식·일식·중식 요리사 등의 '조리 및 음식 서비스직'을 꿈꾼다고 답했다. '쿡방' 열풍에 힘입어 '셰프'를 꿈꾸는 친구들이 늘어난 것이다. 반면 1990년대 1위에 올랐던 의사와 약사·간호사, 한의사 등의 보건 '사회복지 분야 및 종교 관련직'은 7.8%였고, 상위 리스트에 올랐던 판사·검사·변호사·공무원 등이 속한 '법률·행정 전문직' 분야도 6.3%로 밀려나는 추세다. '과학 전문가 및 관련직'은 5.55%에 머물렀다. 어린이들의 일상에 대중문화가 깊이 스며들면서 인기 순위가 바뀐 것이다. 공익보다는 화려함과 물질적 부를 더 선호하는 현 세태를 반영한 것으로 분석하기도 한다.

하지만 우리 주변에는 더 다양한 직업을 가진 사람들이 있으며, 세상에는 더 많은 직업이 존재한다. 한국직업사전에 등재된 직업군이 1만개를 넘고, 그 종류도 1970년 채택된 국제표준직업분류에 따라 대분류 8종(①전문기술직, ②행정관리직, ③사무직, ④판매직, ⑤서비스직, ⑥농수산업종사자, ⑦생산·운수·단문노무종사자, ⑧분리곤란자), 중분류 83종, 소분류 286종으로 나뉘어 있다. 이런 다양한 직업이 있다는 것을 안다면 지금처럼 미디어가 보여 주는 대로만 직업을 선택하는 일은 없을 것이다.

다양한 직업을 알고 체험하고 싶다면 키자니아와 잡월드에 방문해 보자.

키자니아

　서울과 부산 두 곳에서 운영 중인 키자니아는 놀면서 다음의 직업을 체험할 수 있다.

　::: 교육대학교, 홀랜드 진로 상담센터

　::: 연기학교, 성우, 승무원교육센터, 엔터테인먼트, TV스튜디오, 라디오 스튜디오, 디자인 스튜디오, 마술학교, 발레학교

　::: 쿠킹스쿨, 시리얼 팩토리, 유제품 연구소, 베이커리, 햄버거 카페테리아, 바른먹거리 스쿨, 라면 연구 센터, 초콜릿 공장, 도너츠 가게

　::: 은행, 법원, 병원, 출판사, 호텔, 농촌 관광 센터, 유니세프 위원회, 신문사, 국세청, 관세청, 문화재 발굴현장

　::: 드라이빙 트랙, 운전면허시험장, 골프클럽

　::: 소방재난본부, 119센터, 소방서, 경찰서, 과학수사대, 특수보대훈련소

　::: 치과

　::: 공기청정기 연구센터, 수면과학연구소, 스낵개발센터, 환경위생 연구센터, 비타민 연구소, 물 연구소, 친환경에너지발전소, 모바일 디자인 연구소

　::: 아이스크림 가게, 음료수 공장, 백화점, 마트, 포토 스튜디오, 패션부티크, 뷰티살롱, 에코가구 스튜디오 등

잡월드

경기도 성남에 위치한 잡월드는 다음과 같은 직업을 체험할 수 있다.

::: 공연예술학교, 건설현장, 은행, 자동차정비소, 생활과학 연구소, 사회복지관, 방송국, 과
자가게, 피자가게, 패션스튜디오, 의상실, 미용실, 경찰서, 택배회사, 꽃집, 디자인센터,
몽타주제작소, 슈퍼마켓, 전기안전센터, 로봇공학연구소, 마법사학교, 우주센터, 카페,
목장, 한식요리연구소, 레이싱경기장, 동물병원, 애니메이션스튜디오, 인테리어회사, 치
과, 의원, 신문사, 그래피티스튜디오, 레스토랑, 종이장난감제작소, 야구경기장

Q2 왜 직업을 가져야 하지?

❝ 우리 아빠의 직업은 회사원, 우리 엄마의 직업은 강사.
나도 미래에 어떤 직업을 가질지 미리 준비해야 한다는데...
직업을 반드시 가져야만 하는 걸까? ❞

직업을 가져야 하는 가장 큰 이유는 살아가는 데 필요한 돈을 얻기 위해서
다. 토마토 농장의 농부는 토마토를 재배하고 판매하는 생산 활동으로 소득
을 얻고, 택배 기사는 이렇게 키운 토마토를 싣고 운반하여 배달하는 서비스
생산 활동으로 소득을 얻는다. 사람들은 이렇게 번 소득으로 교육도 받고,
병원에도 가고, 세금도 내고, 필요한 물건도 산다.

워런 버핏이 한 대학에서 강연을 마치고 여대생으로부터 질문을 받았다.

"직업 선택 때문에 고민이 많은데, 어떤 직업을 선택하는 것이 좋을까요?"
"지금은 힘들어도 10년 후 좋아질 것이라고 생각되는 회사, 혹은 지금은
보수가 적지만 10년 후에는 열 배를 받게 될 것이라고 기대하는 회사. 이런
회사는 절대로 선택하지 마시오. 지금 즐겁지 못하면, 10년 후에도 마찬가지
일 것입니다. 자신이 좋아하는 일을 할 수 있는 그런 직업을 선택하십시오.
10년 후 부자가 되었어도 선택하고 싶은 직업, 그런 직업을 선택하십시오."

워런 버핏이 단순히 좋은 직장과 많은 연봉을 이야기한 것이 아니다. 10년
후는 모르겠지만 지금 즐기면서 할 수 있는 회사, 그리고 지금 만족스럽지는
않지만 보람 있게 할 수 있는 일을 찾으라는 것이다. 우리는 직업으로 돈을
얻는 일 외에도 행복과 보람을 위해 일하기도 한다. 그러므로 자신의 적성이
나 능력을 잘 생각해서 직업을 선택해야 하는 것이다.

Q3 사는 곳에 따라 직업도 달라진다고?

도시에 사는 사람들은 사무실이나 공장에서 다양한 일을 한다. 넓은 들이
있는 곳에는 농부가 많고, 바다가 있는 곳에는 어부가 많다. 이렇게 고장에
따라 주요 직업이 다른 까닭은 자연환경과 밀접한 관련이 있다. 고장의 자연

환경이 특정한 일을 하기에 알맞은 조건을 갖추고 있기 때문이다. 예를 들어 바다가 펼쳐진 어촌에서는 물고기를 잡거나, 물고기를 이용한 일을 하는 사람이 많다. 꽁치나 참치 통조림과 같은 공장도 어촌지역에서 볼 수 있다. 산으로 둘러싸인 산촌에서는 약초를 재배하거나 아름다운 경치를 이용해 관광객을 상대로 일을 하는 사람이 많다. 여름에는 시원한 계곡이나 자연휴양림을 활용하고 겨울이면 스키장을 개장하여, 많은 사람들을 불러 모으고 관광 산업으로 돈을 번다.

고장에 따라 직업이 다르듯이 나라에 따라서도 직업이 달라진다. 금과 다이아몬드가 많이 생산되는 남아프리카공화국에서는 광산에서 일하는 광부가 많다. 필리핀과 같은 동남아시아 지역은 아름다운 자연을 이용한 관광 산업에 종사하는 사람들이 많다. 전 국토의 60%가 산으로 된 스위스는 가내수공업으로 시계 만드는 기술이 발달했다. 이와 같이 직업은 자연환경과도 매우 밀접한 관계를 맺고 있다.

Q4 직업이 사라진다고?

이러한 직업들은 사람들이 자급자족하던 시대를 지나, 사회를 이루고 일의 분업화와 전문화 시대가 펼쳐지면서 자연스럽게 생겨난다. 시대가 변하면서 직업들도 몇 가지 변화를 겪게 되었다. 그 하나는 삶의 방식의 변화이고,

다른 하나는 사람 수의 변화이다. 이러한 변화 때문에 많은 직업이 사라지기도 하고, 새로운 직업이 생겨나기도 한다.

현대 사회는 점차 노령화 되어가고, 백세 시대를 눈앞에 두고 있다. 노인 간병인, 노인심리상담사, 노년플래너 등이 생겨나고, 건강, 의료, 웰빙 관련 산업 및 직업 수요가 증가될 것으로 전망되고 있다. 반면 어린이의 감소로 인해, 교사 등의 직업은 사라질 직업에 이름을 올리고 있기도 하다. 이러한 인구 변화는 갑자기 생기는 현상이 아니고 예측이 가능하다는 점에서 충분히 고려해야 하는 영향 요인이다. 어느 유명 인구학자의 최근 저서에 따르면, 우리나라의 저출산 문제로 초·중·고등학생 수가 급감할 것으로 전망했다. 현재의 추세라면 2015년 고등학교 재직교사 가운데 4만 명이 10년 후에는 잉여자원이 될 수 있다. 그러면 향후 10년 동안 4만 명 이상이 은퇴하지 않으면 신임교사 충원이 필요 없게 된다는 것이다. 실제로 교육통계를 살펴보면 2011년 약 313만 명이던 초등학생이 2015년 약 271만 명으로 5년 만에 86.6% 수준으로 급감하였다. 평생직장을 꿈꾸며 장래 희망을 교사로 준비하는 학생이라면 신중하게 고민해야 하는 이유다. 교육대학이나 사범대학에 입학하려면 높은 성적과 경쟁률을 뚫어야 하는데, 그렇게 어렵게 입학하여도 졸업 후에는 교사로 일할 수 있는 일자리가 줄어들고 경쟁은 지금보다도 더욱 치열해질 것이라는 점에서 미래가 불안한 직업이 된다.

하지만 삶의 방식의 변화는 미래를 전망하기 어렵게 한다. 문화의 다양화, 기술의 발전 등 삶의 방식이 달라지는 현상도 직업에도 많은 변화를 가져왔다. 옛날에는 구두 밑바닥이나 우산 등을 수리해서 썼지만, 요즘은 비싼 제품이 아니면 새로 구매하는 것이 편하고 가격의 차도 크지 않기에 이와 관련된 직업들은 점차 보기 드문 직업이 되었다. 또한 신문사에 '문선공(신문사에서 납 활자 하나하나를 찾아 틀 위에 올려놓던 직업)'이 있었지만, 인쇄 기술의 발달로 컴퓨터로 편집하고 인쇄하면서 '편집 기자(조판기자)'라는 직업이 그 역할을 대신하고 있다. 이러한 삶의 방식은 미래를 파악하기 어렵고 전망하기 쉽지 않다.

직업이 사라지고 새로 생겨나는 현상은 한 직업이 완전히 사라지거나 전혀 없던 것이 생겨나기도 하지만, 잠깐 또는 오랫동안 사라졌다가 새로운 이름으로 다시 생겨나기도 하고, 혼자 상생하기 힘든 경우 다른 직업과 합쳐져서 또 다른 직업으로 나타나기도 한다. 직업도 소멸과 생성과 융합 등을 하는 것이다. 예를 들면 비인기직업이었던 '꽃꽂이 강사'가 '플로리스트'로 변신하여 선호직업에 이름 올렸고, '요리사' 역시 '셰프'라는 이름으로 선호직업에 이름 올렸다.

앞에서 살펴보았듯이 과학 기술의 눈부신 발달과, 삶의 다양화는 2000년대 이후로는 특히 3차 산업과 관련된 직업의 다양화를 가져왔다. 앞으로 인기를 끌 것으로 예상되는 직업 분야로는 유전학 전문가, 기후 변화 전문가, 로봇 관리자, 정보 보안 전문가 등이 손꼽힌다.

이렇게 직업에도 생명이 있다. 시대 변화에 따라 많은 직업이 사라지고 새로 태어난다. 기술이 발달하고 산업 구조가 고도화될수록 분업이 늘어나 직업의 종류는 더욱 다양해질 것이다.

::: 북마스터: 사람들에게 좋은 책을 골라 주거나, 책과 관련된 많은 정보를 알려 주는 일을 전문으로 하는 사람.

::: 비애 치료사: 갑작스러운 사고를 당했을 때 그 슬픔을 딛고 다시 건강하게 살아갈 수 있도록 도와주는 일을 하는 사람.

::: 사이처: 인터넷 학습 사이트에서 온라인으로 메일이나 화상 교육을 통해 학습을 도와주는 선생님. '가상'을 뜻하는 사이버와 교사인 티처가 합쳐져서 만들어진 말.

::: 디지털 장례사: 인터넷 상에 남아있는 개인의 정보를 삭제하여 주는 일을 하는 사람.

::: 소믈리에: 호텔이나 고급 레스토랑에서 포도주를 관리하고 추천해 주는 사람.

사회가 발전하면서 과거에는 중요한 직업 중에 하나였지만 지금은 거의 사라진 직업도 있고, 없었던 직업이 새로 생겨나기도 한다. 우리 아이들이 직업을 가지고 살아갈 미는 4차 산업의 영향으로 이런 변화가 더 빠르게 진행될 것이다.

새로 출현한 직업들

분류	신생 직업
경영·회계·세무 관련직	국제회의 전문 프로그래머, 리셉션 코디네이터, 기술 가치 평가사, 기술 거래사, 소셜 마케팅 전문가, 브랜드 매니저 등
금융·보험 관련직	교차 판매사, 스와프 딜러, 채권 법무 관리사, 준법감시인, FX(외환) 트레이더, 보험 평가사 등
교육 및 자연과학·사회과학적 연구 관련직	교육 상담사, 전문 상담 교사, 이중 언어 강사, 노인 건강 체육 지도자, 이동 요리 지도자, 장례 지도자, 학생 전문 관리자, 숲 해설가, 운동생리학 연구원, 교통사고 분석사, 임상연구 데이터 매니저 등
보건·의료 관련직	감각 통합 치료사, 건강 심리 전문가, 검안사, 노인 전문 직업 치료사, 동물 매개 치료 도우미, 범죄 심리 전문가, 식이 요법 지도사, 심리 운동 치료사, 음악 치료사, 장기이식 코디네이터, 중독 심리 전문가, 의료 관광 코디네이터, 건강 가정사, 의료 통역 코디네이터, 연극 치료사, 웃음 치료사, 독서 치료사, 미술 치료사, 원예 치료사 등
사회복지 및 종교 관련직	다문화 가정 전담 교사, 라이프 코치, 사이버 상담원, 학부모 상담사, 템플스테이 교육자 등
문화·예술·디자인 관련직	3D디렉터, 게임 캐스터, 공공 디자이너, 색체 코디네이터, 아트 컨설턴트, 아트 딜러, 영상예술 전략 전문가, 저작권 PD, 캘리그래퍼, 테마파크 코디네이터, 페인팅 아티스트, e북 콘텐츠 기획자, 스토리 기획자, 멀티미디어 소스 디자이너 등
영업 및 판매 관련직	공정무역 전문가, 그린 에너지 기술 영업원, 유통 판매 컨설턴트 등
미용·숙박·여행·오락·스포츠 관련직	애견 코디네이터, 애견 수의 간호사, 애견 교사, 투어 플래너, 동물 관리사, 수의 테크니션, 동물 행동 컨설턴트, 동물 안내 해설사 등
음식 서비스 관련직	믹솔리지스트(칵테일 전문가), 바리스타, 사케 소믈리에, 전통주 소믈리에, 티 소믈리에, 실버 조리사, 식품 코디네이터, 외식산업 경영 컨설턴트 등
정보통신 관련직	모바일 컨설턴트, SNS 홍보 담당자 등

자료: 한국직업능력개발원 '직업전망 지표조사' 결과

Q5 나는 미래에 어떤 일을 하게 될까?

그럼 우리 아이들은 어떤 일을 선택하고 준비해야 할까?

"엄마! 나 사과 장사 할래."

어느 날 큰 딸 유진이가 친구 엄마가 하시는 과일 가게에 놀러갔다가 저녁 장을 보러 나온 사람들이 사과를 사가는 모습을 보고 내게 한 말이다.

"엄마! 나 간호사 할래."
"유진아! 이왕이면 의사 어때?"
"의사는 일만 하고, 돈은 간호사가 다 가져가잖아!"

유진이는 간호사가 돈을 받으니까 간호사가 돈을 더 많이 벌 것이라고 생각했던 것이다. 유진이가 생각한 직업의 기준은 돈이었을 것이다. 그렇다면 요즘 친구들은 어떤 기준으로 직업을 선택하고 있을까?

한국고용정보원의 연구보고서 '직업가치관의 변화 및 차이 분석'(2016년 발표)에 따르면, 직업을 선택하는 기준이자 직업을 영위하는데 가장 중요하게 생각하는 '직업가치관' 1위는 '몸과 마음의 여유'였다. '몸과 마음의 여유'는 2006년부터 지난해까지 10년간 1위를 유지했다. '직업안정성', '성취', '금전적 보상', '인정' 순이었다.

그렇다면 어떤 직업을 선택해야 10년 동안 사라지지 않고, 몸과 마음의 여유를 누릴 수 있을까?

우선 생각할 것은 선호직업인가 아니면 인기직업인가? 또는 사양직업인가 아니면 유망직업인가? 하는 것이다.

우리나라 주력산업의 직업 분야 추이

연대	주력 산업
2000~2009년	정밀화학, 정자정보통신기기, 우주항공, 생물, 신소재, 원자력, 환경, 정보통신서비스, 금융/보험, 소프트웨어, 데이터베이스, 컨설팅, 엔지니어링, 광고, 산업디자인, 교육서비스, 의료, 방송, 문화사업, 첨단작물, 첨단축산, 첨단영림, 첨단양식업
90년대	자동차, 반도체, 조선, 철강, 컴퓨터, 통신기기, 전자
80년대	금속제품, 기계 및 장비제조업, 석유화학, 석탄, 고무 및 플라스틱제품제조업
70년대	철강, 전자(TV, 냉장고, 전자부품), 석유화학, 석탄, 고무 및 플라스틱제품제조업
60년대	섬유, 의복, 가죽공업, 합판, 가발, 신발, 제당, 음식료
50년대	농림·어업

※ 류진국(1998). 기업 생존을 위한 구조조정 전략 중

인기직업이란 최근 몇 년간 대중으로부터 가장 많이 선택된 직업이나 미래에 대해 확신할 수 없는 직업을 말한다. 지금 초등학생인 친구들이 6년의 중고등 교육을 마치고, 대학을 거쳐 군복무와 취업준비 기간을 합치면 10년 이후에나 직업을 갖게 될 것이다.

현재 우리나라에서는 쿡방, 먹방의 인기로 요리가 주목받고 있다. 셰프란 오랜 현장 경험을 바탕으로 요리를 하고 경영 능력을 겸비한 전문 직업이다. 요리사를 꿈꾸는 사람이 많은 만큼 국내에서 경쟁이 치열하다. 또한 그렇게 셰

프가 되었다고 하더라도, 미래사회의 식문화가 어떻게 바뀔지 알 수 없으므로 유망한 직업이라 할 수 없다. 알약 하나면 한 끼가 해결되는 식품과 약품이 개발 중이기도 하기에, 지금과 같은 식문화가 얼마나 유지될지도 미지수다. 그러므로 현재 소위 '잘 나간다'는 직업이라는 이유로 선택해서는 안 될 것이다.

10년 후 유망직업 변화

2005년	2014년
정보보안전문가	가스 에너지 기술자
인사 컨설턴트	보건 위생 전문가
생명공학 전문가	항공기 정비원
국제협상 전문가	음식서비스업
헤드헌터	사회복지사

2015년 10대 유망직업

금융자산운용가
컴퓨터보안전문가
하이브리드 동력시스템 개발자
경영컨설턴트
마케팅전문가
유비쿼터스러닝 교수설계자
태양광발전연구원
기후전문가
상담전문가
실버시터

유망직업이란 현시점을 기준으로 직업 성장률, 직업안정성, 직업전문성, 고용 안정, 고용 평등, 근무 여건, 그리고 급여 수준 등의 항목을 판단하여 직업명으로 브랜드를 가질 수 있다고 인정되는 직업을 말한다. 사람들의 가치관이 변화하고 있긴 하지만, '유망직업'의 기준은 크게 달라지지 않았다. 그러나 유망직업은 어디까지나 예측에 불과하다. 실제로 유망한 직업이 될 수도 있고, 이름 그대로 유망한 직업으로만 남을 수도 있다. 또한 어느 한 분야가 유망하다고 소문이 나면 그 분야로만 과도하게 집중되어 오히려 그 분야

향후 10년 고용전망

(총 196개 직종 기준)

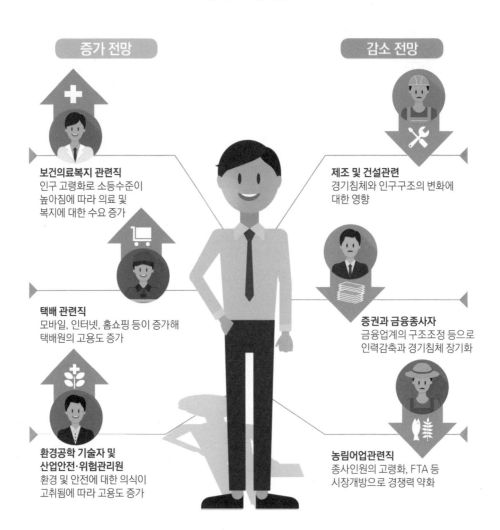

증가 전망

보건의료복지 관련직
인구 고령화로 소득수준이
높아짐에 따라 의료 및
복지에 대한 수요 증가

택배 관련직
모바일, 인터넷, 홈쇼핑 등이 증가해
택배원의 고용도 증가

**환경공학 기술자 및
산업안전·위험관리원**
환경 및 안전에 대한 의식이
고취됨에 따라 고용도 증가

감소 전망

제조 및 건설관련
경기침체와 인구구조의 변화에
대한 영향

증권과 금융종사자
금융업계의 구조조정 등으로
인력감축과 경기침체 장기화

농림어업관련직
종사인원의 고령화, FTA 등
시장개방으로 경쟁력 약화

자유학기제 대비 노하우 체험활동이 아이의 미래를 좌우한다가 쇠락의 길을 걷는 것도 우리의 현실이다.

2005년 미래직업전망 TOP 10에 속한 직업 가운데 10위가 직업상담사였고, 1위는 애견미용사였다. 하지만 당시 애견미용사가 유망직업이라는 신문 발표가 있자, 애견미용학원이 우후죽순 생겨났고, 그 결과 애견미용사는 경쟁이 치열해졌다.

현재 트렌드로 짐작해보면 유망직업은 크게 세계화, 금융 관련, 정보화, 첨단 과학, 사업 지원 서비스, 실버, 친환경 및 에너지, 헬스 및 웰빙, 상담 전문가 등으로 압축된다. 이 중 대부분은 몇 년 전부터 '유망직업'으로 꼽혀온 직업군이다.

10년 후 새분류 직업별 종합 지표 상·하위 20개 직업

▲ 상위

판사 및 검사, 치과의사, 일반 의사, 생명과학 연구원, 변리사, 변호사, IT 컨설턴트, 컴퓨터 보안 전문가, 인사 및 노사 관련 전문가, 도시 계획사, 약사 및 한약사, 재료공학 기술자(엔지니어), 의회의원·고위 공무원 및 공공 단체 임원, 경영 및 진단 전문가, 환경공학 기술사(엔지니어), 간호사, 회계사, 항공기 전비원, 한의사, 선장·항해사 및 도선사

▼ 하위

건설 및 광업 관련 단순 노무자, 이용사, 하역 및 적재 단순 종사원, 콘크리트공, 재봉기 조작원, 화물차 및 특수차 운전원, 택시 운전원, 매장 계산원 및 요금 정산원, 의복 수선원, 청소원, 미장원, 주차 관리원 및 안내원, 조적원(벽돌공), 생산 관련 단순 노무자, 촬영 기사, 철근원, 재단기 조작원, 제화원, 도배원, 홍보 도우미 및 판촉원

자료: 한국직업능력개발원 '직업 전망 지표', 2010년 2월

$\mathbb{Q}$6 부모의 한마디가 중요해!

어떤 사람은 초등학교 4학년 이상이 되면 자신이 어떤 직업을 가질 것인지가 정해져 있어야 한다고 말한다. 그리고 어릴 때부터 그 길을 향해 하나씩 포트폴리오를 적립해 나가야 한다고 한다.

하지만 하루에도 수십 번씩 꿈이 바뀌는 아이들의 특성을 고려해 볼 때, 섣불리 하나의 꿈만을 향해 달려가라고 조언하기도 어렵다. 꿈이 꿈으로만 끝나지 않고 현실이 되기 위해서는 본인 스스로 꿈을 꾸어야 한다.

우리 자녀들의 꿈은 어디까지나 자녀의 몫이다. 자신이 원하는 꿈에 대해 많은 정보를 얻고, 그 꿈을 향한 의지와 노력이 더해질 때 공부도 재미가 있어지며, 공부를 하라고 떠밀지 않아도 공부를 하게 된다. 우리 자녀들이 자신이 가진 재주와 능력을 잘 발휘해서 자신의 몫을 다할 수 있도록 돕는 것이 부모 멘토의 역할이다.

아이가 흥미를 이야기할 때 '그 직업은 돈을 잘 못 벌어', '그 직업은 어떤 능력을 가진 사람들에게 적합해' 등 아이의 의지를 꺾을 수 있는 발언을 삼간다.

"승민아! 넌 뭐가 되고 싶어?"
"화가요!"
"에이~, 그건 밥 벌어 먹고 살기 힘들어."

"왜요?"

"그 직업으로는 돈을 많이 못 벌잖니."

"민구야! 너는 뭐가 되고 싶어?"

"의사요!"

"그래. 열심히 공부해서 꼭 의사가 되거라."

그때 바로 화가의 꿈을 접었던 조카 승민이는 지금은 '글을 쓰는 사람'이 되고 싶다고 말한다. 어른들은 글 솜씨가 아주 뛰어나지 않으면 글을 쓰는 것 역시 밥 먹고 살기 어려운 직업이라고 걱정하시지만 조카는 꿈을 굳혔다. 왜냐하면 화가가 꿈이라고 대답할 때보다 나이를 더 먹었고, 자신이 무엇을 잘 하는지 알고 있기 때문이다.

모 텔레비전 프로그램에 소개된 한 엄마는 딸을 세계적인 인재로 키우기 위해 홈스쿨링으로 학습하고 있으며, 하버드에 입학시키기 위해 태어나면서 부터 영어 공부를 비롯한 여러 가지 준비를 하고 있다고 말했다. 또한 자신의 아이가 태몽에서처럼 세계를 돌며 하느님을 찬양하는 사람이 되기를 바란다고 했다. 그런데 이 아이는 과연 자기 스스로 하버드를 졸업하고 세계를 돌며 찬양하는 사람이 되려는 꿈을 꾼 것일까? 혹 엄마의 암시 때문에, 자신의 생각은 가져보지 못한 채 엉겁결에 그렇게 생각하게 된 것은 아닐까?

아이들이 꿈을 선택할 때 많은 부분 부모의 입김이 작용한다. 어른의 기준에서 좋은 직업과 나쁜 직업을 말하고, 돈을 많이 버는 직업과 그렇지 못한 직업이 가려진다. 그러다 보니 아이들은 자연스럽게 부모들이 반대하는 직업은 하찮거나 별 볼일 없는 것쯤으로 여기게 된다. 하지만 시간이 지나고, 아이가 성장해서 어른이 되어 보면 당시에 가졌던 생각들이 얼마나 잘못된 것인지를 알게 된다. 결국 자신의 흥미와는 전혀 상관없는 다른 길을 부모에 이끌려 걷게 되기도 하며, 부모의 못다 이룬 꿈을 강요받기도 한다. 하지만 그렇게 자신이 원하지 않는 길을 걷게 되는 경우, 중도하차하기도 하고, 가던 길을 되돌아가기도 하며, 가려던 길에서 벗어나 다른 길을 걷기도 한다.

물론 한 번에 성공적인 길을 걸어가면 좋겠지만, 그것은 쉽지 않다. 그러니 아이 스스로가 하고 싶고 가고 싶은 길을 걷도록 들어 주고 힘을 불어넣어 주자. 이렇게 해 본 친구들은 간혹 걷던 길을 돌아서더라도, 앞에서 보았던 친구들과는 다른 모습을 보일 것이다. 바로 '책임감'이라는 것을 깨닫고 더욱 신중한 선택을 위해 노력할 것이다. 아이들이 이렇게 부모가 원하는 꿈과 자신이 원하는 꿈이라는 이중의 삶과 책임감 없는 삶을 살지 않게 하기 위해서는 자신의 재주와 흥미 또는 능력 등을 살펴 스스로 선택하고 노력할 수 있도록 도와주어야 할 것이다.

Q7 부모가 해야 할 일

아이들은 눈에 보이는 것만을 꿈꾼다. 앞에서 살펴본 바와 같이 대부분의 아이들은 연예인, 방송인, 의사, 선생님, 경찰관과 같은 꿈을 꾼다. 그러나 내 아이만은 다양한 꿈을 꾸기 바란다면 부모의 꿈부터 들려 주자. 어릴 때 가졌던 꿈과 현재의 일, 그리고 남은 미래의 꿈을 말이다. '이 나이 먹어서 무슨 꿈이야?'가 아니라 '꿈은 늘 새로운 목표'여야 함을 알려 주자.

백남준의 아버지는 백남준이 자신의 사업을 잇기 바라면서도, 백남준이 작은 세상 속에서 꿈꾸기보다 넓은 세계를 무대로 꿈꾸길 바랐다. 그래서 더 많은 것을 보여 주고, 더 많은 것을 경험하도록 해주었다고 한다. 유럽에서 배운 음악과 미술 공부 등이 활력소가 되어 남들은 생각도 하지 못한 비디오 아티스트가 된 이유다.

그렇다면 어떻게 해야 다양한 직업에 대해 알려 주고, 목표를 찾도록 할 수 있을까? 우리 주변 사람들과 TV도 좋지만, 신문을 살펴보기를 권한다. 신문 속에는 다양한 직업을 가진 사람들의 많은 이야기가 담겨 있다. 그 이야기들을 바탕으로 미래 꿈에 한 발 더 가까이 갈 수 있게 해주자. 여러분의 아이가 더 큰 꿈을 꾸기 원한다면 더 많은 것을, 더 큰 세상을 보여 주자.

가장 중요한 것은 아이의 흥미를 관찰하는 것이다. 평소 무엇을 좋아하는지, 즐겨 읽는 책의 공통점은 무엇인지, 그리고 어떤 것에 더 열중하며 빠져드는지를 살피는 일이다. 그러기 위해서는 아이가 자신의 생각을 부모에게 스스럼없이 이야기할 수 있는 분위기를 조성해 주어야 한다.

초등학생을 대상으로 진로수업을 진행할 때 일이다. 남자 아이들의 꿈 가운데 높은 비중을 차지하는 것이 '축구선수'다. 아이들에게 "축구선수가 되기 위해 어떤 노력을 하면 될까?" 하고 물으면 10명 중 8~9명은 "축구를 열심히 해요." 하고 대답한다. 그런데 정말 축구만 열심히 하면, 속된 말로 공만 잘 차면 축구선수로 성공할 수 있는 것일까?

한 친구가 축구선수가 되고픈 꿈을 발표하였고, 친구들이 그 친구에게 격려의 한마디씩 해줄 때의 일이다.

"축구선수가 되려면 머리도 좋아야 한다."

사실 축구선수를 하겠다고 한 친구는 공부에는 별로 관심이 없는 친구였다. 그래서 친구의 말을 인정하지 않았다. 그러자 다시 말을 이어갔다.

"축구에는 전략과 전술이 필요한데, 머리가 나쁘면 전략과 전술을 짤 수 없잖아. 차범근 감독 같은 사람이 되려면 머리도 좋아야 하고, 공부도 열심히 하고, 컴퓨터도 잘 쓸 수 있어야 해."

그러자 축구선수의 꿈을 꾸던 친구는 그 친구의 말을 이해했다. 이러한 역할을 우리 부모가 해주어야 한다. 여기에 한 가지 더 덧붙이자면 꿈 너머 꿈을 꾸게 하라는 것이다. 축구선수라는 직업의 마지막 단계는 결코 선수가 아니다. 생명이 짧은 선수 생활이 끝나면 코치로 한 발 나아가야 하고, 이 단계를 거쳐 감독의 위치에 오를 수 있어야 하며, 최종적으로 국가대표 감독의 자리까지 올라야 한다. 이것이 바로 꿈의 종착역이다.

그런데 아이들은 축구선수 위에는 아무 것도 없는, 축구선수 그 자체만을 꿈꾼다. 이런 꿈만 가지고는 미래의 삶을 온전히 그려낼 수 없다. 축구선수가 꿈이라면 적어도 목표를 향해 끝까지 달려갈 수 있는 지구력과 체력, 그리고 전략과 전술을 짤 수 있는 머리, 선수들을 잘 관리하기 위해 필요한 인간 행동에 대한 연구와 리더십, 그리고 전문가 수준의 감각과 지식이 필요하다.

이 능력들은 모두 학문에서 비롯된다. 따라서 기본적인 것들을 무시하면 결코 꿈을 이룰 수 없다. 그렇다고 해서 모두가 공부를 잘해야 한다는 이야기는 아니다. 다만 기본이 되는 기초 학력과 기본 실력은 익혀 둘 필요가 있다는 것이다.

직업가치관 탐색	
물질적 부족함이 없는 편안한 생활	자연과 예술의 아름다움을 감상하는 생활
자극적이고 활동적이며 신나는 생활	모든 사람이 공평한 기회를 갖는 것
자신이 한 일에 보람을 느끼며 사는 생활	가족의 안전
평화로운 세상	남에게 의지하지 않는 자유로운 삶

구직자가 중시하는 가치

1위 직업안정성(4.22)

2위 심신의 여유(4.18)

3위 흥미(4.04)

4위 자아실현(4.02)

5위 근무여건(4.02)

직장인이 중시하는 가치

1위 심신의 여유(4.37)

2위 금전적 보상(4.22)

3위 직업안정성(4.21)

4위 근무여건(4.20)

5위 전문성(4.06)

쌍기역 키워드
'꿈꾼 끼꼴깡 끈꾀'

· ·

나의 진로를 책임질 '꿈꾼 끼꼴깡 끈꾀'

인생을 설계하거나 프로젝트에 도전할 때 성공으로 이끄는 키워드 가운데 쌍기역이 있다. '꿈(목표)→끼(재능)→꾀(기획)→끈(인맥, 네트워크)→깡(추진력)→꼴(이미지)→꾼(프로페셔널)'이 그것이다.

꿈(1계단) = 비전이자 목표를 의미한다.

끼(2계단) = 타고난 능력이 바로 끼다.

꾀(3계단) = 기획력을 말한다.

끈(4계단) = '백'이나 '연줄'이 아니라 '인간관계', '폭넓은 사회성', '네트워크십'.

깡(5계단) = 실행력 혹은 추진력.

꼴(6계단) = 이미지 전략

꾼(7계단) = 전문가 또는 프로

우리 아이들의 꿈을 이루기 위한 7가지 쌓기역을 하나씩 살펴보자. 진로란 가깝게는 고등학교나 대학으로의 진학이지만 멀게는 입사와도 연관되기에, 여기에서는 기업이 인재를 발탁할 때 보는 중요도 순으로 나열해 놓았다.

꿈Dream (목표, 비전, 희망)

우리 아이들은 어떤 꿈을 꾸고 있을까? 매일 노는 꿈? 누군가가 대신 공부해 주는 꿈? 아니면 어른이 되어 로또에 당첨되어 벼락부자가 되는 꿈?

꿈은 자신이 진정 하고 싶은 것이 무엇인지 찾아내고, 인생의 목표를 분명히 정하는 것이다. 예를 들어 의사가 되어 '국경없는의사회'에 들어가는 것이 꿈인 친구는, 의과대학 진학이라는 목표를 세울 것이다. 그러기 위해서는 내신 1등급을 받아야 할 것이고, 전체 성적을 올려야 하는 목표가 추가로 정리될 것이다.

이러한 꿈을 아이들에게만 가지라고 해서는 안 된다. 부모도 꿈을 가져야 한다. 꿈은 젊은 사람들만의 전유물이 아니다. "나이가 적더라도 꿈이 없으면 늙은이이고, 나이가 많더라도 꿈이 있으면 젊은이"라는 말도 있다. 그러니 나이가 많음을 핑계로, 목표를 달성할 수 없을 것이라는 우려로, 목표 세우기를 두려워해서는 안 된다. 자신이 세운 목표를 완벽하게 이뤄내는 사람은 많지 않기에 처음부터 겁먹고 물러서면 안 된다. 그래서 앞에서 부모의 꿈부터 이야기해 주자는 말을 한 것이다. '바담 풍'과 '옆으로 걷는 게'의 속담을 통해서도 알 수 있듯이 아이들이 꿈꾸고 목표를 가지게 하려면 부모부터 솔선수범하여야 한다.

꿈은 목표를 향해 가는 방향을 일러주는 내비게이션과도 같다. 할 수 있다는 자신감으로 목표를 세우고 꿈에 도전해야 절반의 성공이라도 거둘 수가 있다.

꿈은 크게 가지라고 했다. 더 큰 꿈을 꾸면 더 크게 성장할 수 있기 때문이다. 그래서 꿈의 무대를 세계로 넓히라는 말을 하는 것이다. 일본인들이 많이 기르는 관상어 중에 코이(こい)라는 잉어가 있다. 이들은 작은 어항에 넣어 두면 5~8cm 정도 자라지만, 수족관이나 연못에 넣어두면 15~25cm까지, 강물에 방류하면 90~120cm까지 성장한다. 즉, 코이는 자기가 활동하는 환경에 따라 작은 물고기가 될 수도 있고, 커다란 물고기, 대어가 되기도 하는 것이다.

꿈이란 코이와도 같다. 우리 아이가 처한 경제, 환경, 상황, 관계, 신체 등의 요소로 인해 꿈의 크기를 작게 해서는 안 된다. 나에게 가장 좋은 꿈, 가장 큰 꿈을 꾸어야 한다. 더 큰 꿈은 아이들에게 더욱 뜨거운 열정을 선사한다. 꿈만큼 발전할 수 있는 것이다. 자신을 과소평가하여 꿈조차 꾸지 않거나, 꿈을 포기하는 실수를 저질러서는 안 된다.

하나 잊지 말아야 할 것은 꿈은 야망도 욕망도 아니라는 것이다. 꿈은 소망이고 희망이다.

꾼Professional (전문성, 프로의식)

어느 여고에서 진로수업을 할 때의 일이다.

"선생님 저는 회사원 할래요."

"회사원도 좋은데, 어떤 회사에 들어가서 무슨 일을 하고픈지 전문적인 측면도 생각해 봐야지."

꾼은 군에서 유래된 말로 전문가, 장인, 도인, 일꾼을 의미한다. 자신의 장점을 파악하고 다양한 아이디어로 무장하며 자신을 성장시켜 전문가라는 이름으로 능력을 발휘하는 사람을 '꾼'이라 말한다. 다시 말해 좋아하는 일에 미칠 수 있어야 하는 것이다. 그러고 보면 '장사꾼'이라는 말은 좋은 의미의 말이라 할 수 있을 듯하다. 제대로 된 일꾼이란 비즈니스를 잘 하는 탁월한 '장사꾼', 입만 앞서지 않는 긍정적 의미의 '정치꾼' 말이다. 우리는 우리들 모두가 참여하기에 어려운 정치를, 대리로 일해 줄 전문가를 선거로 뽑았다. 바로 국회의원이다. 그래서 그들은 우리가 낸 세금으로 급여를 받는다. 이 나라가 잘 되려면 대통령도 아니고, 국민도 아니다. 바로 우리 모두를 대신해 올바른 정치를 해야 하는 국회의원이 열심히 뛰어야 한다고 생각한다. 이것이 바로 긍정적 의미의 '정치꾼'인 것이다.

진정한 꾼은 열심히 노력하는 것만으로는 부족하다. 자신의 자리에 안주하지 않고 자신이 잘할 수 있는 분야에서 전문성을 쌓는 과정이 따라야 꿈을 이룰 수 있다. 수많은 실천 항목을 도출하고 그것들을 기록으로 체계화하고 관리하는 철두철미함이 전문성을 완성시킨다.

전문성을 기르기 위해 다양한 지식을 채워줄 독서와 전문성을 고려한 뉴스 스크랩, 그리고 인성을 향상시켜 줄 음악 등을 경험해야 한다. 전문성은

한 가지만으로 채워지지 않는다. 해당 분야의 지식은 물론 원숙한 경험도 녹아 있어야 하며, 유기적인 것들에 대한 직간접적인 경험이 중요하며, 그래서 융합을 이야기하는 것이다. 이러한 근성을 인내심을 가지고 꾸준히 이어가면 반드시 성공할 수 있을 것이다.

다음은 외교관을 꿈꾸는 친구의 "꿈" 스크랩이다.

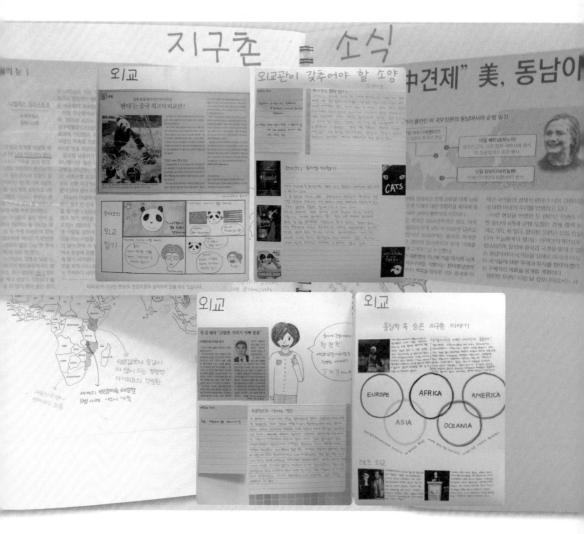

끼Skill (자질, 재능, 열정)

끼는 호흡과 기질에서 유래한 말로, 소질과 재능을 의미한다. 베짱이처럼 잘 노는 끼가 아니다. 사람은 누구나 타고난 능력과 재능이 있다. 끼란 한 땀 한 땀의 장인 정신을 위한 도구이다. 성공을 하기 위해서는 정형화된 틀이 아닌 다양한 각도에서도 볼 줄 아는 자기만의 색깔을 의미한다. 다른 것은 남들보다 못하지만 하나만큼은 자신 있는 그 무엇을 말이다.

리더는 지도자다운 끼를 발산해야 한다. 지도자의 특질 가운데 하나다. 남과 똑같이 '술에 술 탄 듯, 물에 물 탄 듯'해서는 매력적인 지도자가 될 수 없다. 끼 있는, 자기 색깔이 분명한 지도자가 되어야 한다.

이러한 끼를 아는 것은 곧 자아발견에 해당한다. 자아발견은 일회성 사건이 아니라 일련의 연속적 과정이다. 내가 누구인지를 알아가는 것과 성공 가능성이 높아지는 것은 정비례하기 마련이다.

끼를 발견하기 위해서는 시간을 아껴 쓰고, 자신만이 가지고 있는 재능을 계발하여야 할 것이다. '1만 시간의 법칙'이 여기에 해당한다. 나만의 끼를 발견하고, 1만 시간을 노력한다면 성공한다는 법칙. 1만 시간의 법칙은 다양한 견해가 있다. 1800년 후반, 프란시스 골튼은 수백 명의 학자, 아티스트, 음악가 등을 조사하여 '타고난 것'이라고 결론 내렸다. 그로부터 반세기 후 행동주의 심리학자 존 왓슨은 "어떤 유아라도 의사, 변호사, 아티스트 또는 도둑으로 만들 수 있다"고 결론지었다. 1990년대 세계적 심리학자 안데르스 에릭슨 박사는 "자기 분야에서 최정상에 오른 사람들은 타고난 재능이 아닌, 아주 오랜 기간의 노력이 있었다"는 논문을 발표했다. 2009년 말콤 글래드

웰의 저서 『아웃라이어』에도 '하루 3시간씩 10년이면 누구나 전문가가 될 수 있다'고 정리하였다. 하지만 최근 『스포츠 유전자』의 저자인 데이비드 엡스타인은 '자질'이 있는 인물이라야 되며, 각자의 자질을 정확히 파악하고 이에 맞는 훈련을 실시해야 한다고 주장했다. 즉, 앞에서 말한 자아발견을 통해 나만의 끼를 알아야 한다는 것이다.

캘리그라퍼 아트디렉터 이슬기 씨.

그녀는 드라마 〈마녀의 성〉과 〈미녀 공심이〉의 타이틀 캘리그라피를 쓴 작가다. 어릴 때부터 아티스트 (가수)를 관리(케어)하는 엔터테인먼트 산업에 관심이 많았다. 꿈에 도전해 기회를 잡았지만 사정상 오래 하게 될 수 없게 되면서 한 번의 좌절을 겪었다. 그러나 곧 그녀는 자신만의 끼를 발견한다. 우연히 SNS에 손글씨로 가사를 써서 음악을 추천하기 시작했고, 그것이 여러 사람들의 관심을 받게 되면서 이 일에 들어섰다. 일이 재미있다고 말하는 그녀는, 학창시절부터 자신 있던 손글씨가 직업이 될 줄은 몰랐다고 수줍게 웃었다.

꼴Shape (자세, 이미지, 자기관리)

꼴은 모양이나 모습을 뜻한다. 즉, 좋은 이미지를 뜻하는 말로, 요즘 유행하는 말로는 스타일에 해당한다고 볼 수 있다. 한 사람의 스타일이 처음부터 만들어지지는 않는다. 자신의 내면이 먼저 채워진 후에야 그것에 어울리는 맛과 향이 드러나게 되고 그것이 꼴이 되는 것이다.

그런 면에서 꼴은 인간의 됨됨이와 사람다운 풍모를 말한다고 볼 수 있다. 모든 성공의 마지막 단계에서 위력을 발휘하는 이미지 전략은 중요하다. 최근 역성형이 유행이라고 한다. 한동안 '강남미녀', '의란성 쌍둥이'라는 신조어가 나올 정도로, 비슷한 외모를 가진 사람들이 늘어났다. 그리고 성형이 취업을 위한 제2의 스펙으로 꼽히기도 했다. 물론 지금도 성형은 이루어지고 있지만, 최근 예쁜 얼굴보다 자신만의 개성 있고 조화를 살린 자연스러운 얼굴이 각광 받으면서 복원수술을 받기 위해 병원 문을 두드리고 있다.

미국 16대 대통령 에이브러햄 링컨은 '40세가 넘으면 자신의 얼굴에 책임을 져야 한다'고 말했다. 이 말은 그 사람이 살아온 모습과 인격이 얼굴에 고스란히 드러난다는 뜻을 담고 있다. 그래서 어른들은 사람의 얼굴을 보고 성격 등을 파악하기도 한다. 그렇다고 염색하고 화장으로 얼굴을 꾸미라는 이야기가 아니다. 물론 드러나는 겉모습만으로 사람을 제대로 평가하기는 어려우나, 평소 내 얼굴을 개성 있게 만들 필요는 있다. 수업에서 오랜 시간 친구들을 만난다. 어떤 친구는 눈치만 보느라 예쁜 눈이 늘 얇아져 있기도 하고, 또 다른 학생은 툴툴 거리느라 입 모양새가 찌그러져 있어서 보기 안타까울 때가 있다. 그러므로 외면의 이미지보다 마음가짐에 더욱 신경 써야 할 것이다. 다른 사람을 속이지 않고, 진심어린 마음이 필요하다. 무엇보다도 자신을 신뢰하는 자세가 필요하다.

깡Heart (의지, 끈기, 소신, 배짱, 추진력, 자신감)

깡은 어떠한 어려움도 이겨내는 인내와 끈기를 말한다. '깡다구'란 말이 떠오르듯 자신만의 원칙을 갖고 원칙을 지켜나가는 소신을 말한다. 깡을 키우기 위해서는 좋은 습관을 만들어 가는 노력이 필요하다.

1949년 미국의 에드워드 공군 기지에서 일하던 머피 대위는, 어떤 실험에서 번번이 실패하다가 그 원인을 무척 사소한 곳에서 찾게 되었다. 그때 머피는 "어떤 일을 하는 방법에는 여러 가지가 있고, 그 중 하나가 문제를 일으킬 수 있다면 누군가는 꼭 그 방법을 사용한다."는 말을 했다. 이 말은 안 좋은 일을 미리 대비해야 한다는 뜻이었지만, 사람들은 일이 잘 풀리지 않고 꼬이기만 할 때 '머피의 법칙'이란 말을 쓰게 됐다.

반대로 일이 자꾸 잘 풀리는 것은 '샐리의 법칙'이라고 한다. 이 말은 1989년에 제작된 라이너 감독의 영화 〈헤리가 샐리를 만났을 때〉에서 유래되었다. 계속 좋지 않은 일만 일어나다가 결국은 해피엔딩으로 이끌어 가는 여주인공 샐리의 모습에서 빌려온 말이다. 우연히 자기가 바라는 바대로 진행되는 경우에 쓴다.

머피의 법칙처럼 실패가 두려워서 시작조차 하지 않으면 아무 것도 성공할 수 없다. 입에 듣기 좋은 소리만 듣고 복지부동하면 성공하기 어렵다. 실패가 두려워, 생각에만 머물지 말고 자신 있게 도전하고 몸으로 부딪치는 깡이 있어야 한다. 그런 의미에서 깡은 추진력과 결단력 또는 의지와 용기를 뜻한다. 인생이 운칠기삼(運七技三)이라는 우스갯소리도 있지만, 운이라는 것도 열심히 사는 사람에게만 주어지는 법이다. 누구에게나 좋은 일보다 어려운 일과 위기가 더 많다. 어려움이 다가와도 전화위복으로 만드는 것이 성공의 비결이다.

끈Networking (인간관계, 조언자, 폭넓은 사회성, 네트워크십)

끈은 세상살이에서 필요한 폭넓은 사회성과 인적 네트워크 즉, 인간관계를 말한다. 네트워크와 다양한 인맥을 통해 필수정보를 얻는 끈은 성공으로 가기 위해 필요하다. 우리 속담에 '옷깃만 스쳐도 인연'이라는 말이 있다. 끈이란 바로 이러한 것인데, 중요한 것은 끊어서 좋은 인연이 있고, 맺어서 좋은 인연이 있다는 것이다. 이 끈이 튼튼한 밧줄인지 썩은 동아줄인지에 따라 자신의 운명이 바뀐다. 좋은 친구를 사귀라는 말도 이에 해당한다고 볼 수 있다. 지연, 학연에 매달리면 한계가 오기 마련이다. 연줄이 아닌 실력을 토대로 한 폭넓은 네트워크, 진정한 의미의 끈을 가져야 한다.

지식경제사회에서는 '뭘 아느냐'보다 '누구를 아느냐'가 더 중요하다. 인적 네트워크를 다양화하는 인재가 돼야 한다.

자기발전에 도움을 주는 지식이나 전공, 취미를 공유하는 인적 네트워크를 소중하게 여겨야 한다. 다양한 사람들과 수평적 교류를 지속하면서 하나의 사물을 여러 각도에서 보려고 노력해야 한다. 인적 자원에서 중요한 것은 '기브 앤 테이크'다. '자신이 도움을 받으면 남에게도 반드시 도움을 주어야 한다'는 것이다. 따지고 보면, 지금까지 내가 살아온 것도 주변 사람들 덕분에 가능했던 것들이 많다. 이제는 서로 도움을 주고받을 수 있는 네트워크를 스스로 창출해야 한다. 다른 사람의 성공을 도움으로서 자신도 성공할 수 있다. 같은 생각과 함께 협력할 수 있는 많은 동반자들, 그리고 조언을 아끼지 않고 물심양면으로 도와주시는 협력자를 만들어 가는 게 필요하다.

꾀Wisdom (지혜, 지식, 기획, 판단)

꾀는 시의적절한 지혜와 지식을 말한다. 성공으로 가는 설계도를 그리고, 아이디어를 내어 밑그림을 그려 나가는 전략이 꾀다. 삶의 지혜, 사람을 대하는 지혜, 세상을 올바르게 보는 정확한 눈이 필요하다.

지도자는 문제를 해결하는 꾀가 있어야 한다. 현실에서 탈출하려는 잔꾀가 아니라 어떤 어려운 일이 다가와도 능숙하게 헤쳐 나갈 수 있는 지혜가 있어야 한다. 똑같은 일을 하는데도 쉽게 하는 사람이 있는가 하면 어렵게 하는 사람도 있다. 꾀가 있는지 없는지의 차이다. 그러므로 열심히 일하는 것보다 슬기롭게 일하는 것이 중요하며, 냉철한 머리의 전략가여야 한다. 그래서 꾀는 일종의 전략이다. 목표에 도달하기 위한 최적의 방법을 찾아야 하는 것이다.

성공하는 사람들의 공통된 특징 중 하나가 빠른 판단력이라고 한다. 예를 들어 학교 앞에 떡볶이집이 없는 것을 발견했다. A는 가게를 열면 잘 될 수 있을지를 고민했다. 철두철미하게 분석하고 따져보아 가게를 계약하기로 마음먹었는데, 다음날 B가 떡볶이 집을 개업했다. 누군가는 꾀가 부족하여 고민만 하다 끝나고, 누군가는 꾀를 활용하여 일을 시작한다.

꾀가 가장 잘 발달한 사람은 바로 솔로몬 왕이다. 하느님으로부터 받은 능력이 '꾀'였으며, '두 어머니와 아기의 판결' 등의 이야기를 남기며 가장 지혜로운 왕으로 남았다. 이처럼 꾀가 발달한 사람이 되고자 한다면, 책을 꾸준히 읽고 다양한 경험을 축적하여야 한다. 또한 읽기만 한다고 꾀가 쌓이는 것은 아니다. 타인의 사례를 기억하고, 나의 생활에서 꺼내어 발휘할 수 있도록 생각하고 곱씹는 과정을 거쳐야 한다. 그래야 판단도 빠르게 내릴 수가 있다.

3부

창의적
체험으로
진로 체험하기

1

인문 계열 직업
&
진로

3월이
좋아요!

독립의 현장에서 사학자의 꿈을 꾸다

  뜻깊고 역사적인 날을 체험하기 위해 새 학기의 시작을 기다리는 봄 방학 마지막 날인 2월 28일, 천안으로 향했다. 독립기념관은 나라의 어려움을 극복하고 민족의 자주와 독립을 위해 애쓴 조상들의 자취를 전시하고자 국민의 성금으로 세워졌다.

  역사를 좋아하는 자녀와 사학자의 꿈을 키우는 아이의 손을 잡고 어디로 가야할지 고민한다면, 만세 소리가 들리는 천안 독립기념관으로 가보자.

독립기념관

▶▶ 대한 독립 만세!!!

♬ 기미년 삼월 일일 정오, 터지자 밀물 같은 대한 독립 만세... ♩♪

1919년 3월 1일 정오 탑골 공원에서는 독립 선언서가 낭독되고, 만세 운동이 일어났다. 이 자리에 최남선, 손병희, 이승훈, 한용운 등이 민족대표 33인으로 참여했으며, 어린 유관순도 함께 만세를 외쳤다. 유관순은 당시 서울에서 유학 중이었지만 학교에 휴교령이 내려지자 짐을 정리해 고향 천안으로 내려간다. 그리고 그곳에서 만세 운동에 앞장선다. 마침내 천안 아우내 장터에서도 '대한 독립 만세!'를 외치는 소리가 울려 퍼졌다. 이 외침을 기반으로 1945년 8월 15일에 해방을 맞이하게 된다.

사실 아우내 장터의 역사는 기미년 3월 1일이 아니라 4월 1일이다. 유관순이 서울에서 3월 1일 독립운동에 가담한 후 고향으로 내려와 군중에게 태극기를 나누어 주며 만세를 외치다 잡힌 날이 바로 4월 1일이기 때문이다.

우리는 퍼즐 조각 같은 상식을 이리저리 꿰맞춰 역사의 전부로 생각할 때가 있다. 특히 몇 자 남지 않은 기록에 허구나 과장을 섞어 만든 드라마를 역사적 사실로 받아들이기도 한다.

그나마 조선까지의 역사는 허구라 하더라도 텔레비전을 통해 쉽게 만날 수 있지만 근현대사는 쉽게 접할 수 없기 때문에 아는 것이 많지 않아서 이해하기 더욱 어렵다. 3.1절을 계기로 근현대사에 관심을 가져 보자. 그러기 위해서는 체험 전에 독립운동에 대한 이해와 일제강점기, 8.15독립까지의 역사를 공부해 보자.

우리 아이들에게 뼈아픈 역사를 되돌아보고 나라를 위해 목숨 바친 선열들의 희생과 애국의 숨결을 느낄 기회를 제공해 보자.

▶▶ 독립기념관

우리나라의 민족 수난과 독립 투쟁의 역사를 한눈에 볼 수 있도록 만든 기념관으로, 민족정신의 계승과 국민 단결의 구심적 역할을 한다. 독립의 불꽃 조각이 있는 인도네시아의 독립기념관과 '야드 바쉠(신의 손길)'이라 불리는 이스라엘의 독립기념관 등 세계의 많은 나라들이 독립기념관을 세웠다.

오프라인 체험

·서울 서대문독립공원 (www.sscmc.or.kr)

서울 도심 한복판에 자리한 서대문독립공원은 일제강점기에 의병투쟁, 3·1독립만세운동, 항일투쟁 등으로 투옥되어 순국한 선열들을 기리기 위해 1992년 개원되었다. 공원 내에 일제가 지은 근대식 감옥 서대문형무소가 역사관으로 탈바꿈하여 자리하고 있다. 이곳의 지하 감옥을 통해 독립투사들의 당시 상황을 간접적으로 체험할 수 있다. 매년 3.1절이면 만세 부르기 행사도 열고 있으니 때를 맞춰 체험하는 것도 좋다.

·충남 천안 독립기념관 (http://i815.or.kr)

겨레의 뿌리, 겨레의 시련, 나라 지키기, 겨레의 함성, 나라 되찾기, 새나라 세우기, 함께하는 독립운동 등 다양한 테마로 독립의 이야기를 전하는 전시관과 입체영상관, 그리고 야외 전시물 등이 있다. 국민의 성금으로 지어진 독립기념관 주변에는 아우내 장터를 비롯하여 유관순 열사 기념관 등이 있어 당일 코스로도 좋지만 1박 2일 코스로도 좋다.

·경북 안동 경상북도 독립운동기념관 (www.815gb.or.kr)

1894년 갑오의병의 발상지 안동. 퇴계의 정신을 이어받은 많은 선비들이 나서서 독립운동의 성지로 불리는 안동. 이곳에서 유교문화와 안동독립운동 역사를 체험할 수 있다.

·제주 항일기념관 (http://www.jeju.go.kr/hangil/index.htm)

조천만세운동, 해녀항일운동, 법정사항일운동 둥 제주의 항일운동 역사를 철저한 고증을 통해 디오라마, 복제모형 등을 동원하여 입체적으로 전시해 놓았다. 또한 일제 패망기에 일본의 군사기지였던 제주도의 뼈아픈 역사를 정리하여 전시하고 있다.

·서울 매헌 기념관 (http://yunbonggil.or.kr)

국민들의 성금으로 서울 양재 시민의 숲 안에 설립된 매헌 기념관은 윤봉길 의사의 유품과 생애사진, 훈장 그리고 독립운동 관련사진 등을 전시하고 있다. 다른 곳과 다르게 오후 4시까지만 관람할 수 있으니 주변의 시민의 숲이나 외교박물관 등을 연계하면 좋다.

·서울 백범 김구 기념관 (www.kimkoomuseum.org)

독립운동가·정치가로 임시정부를 지킨 김구 선생을 기리는 기념관이다. "내 소원은 우리 대한의 완전한 자주독립이오" 라고 하신 말씀의 정신을 담고 있다.

·전남 함평 일강 김철 선생 기념관 (http://www.ilgang.or.kr)

독립운동가 일강 김철 선생을 기리는 기념관으로 상해임시정부청사가 재현되어 있다.

온라인 체험

·네이버 독립기념관 (http://blog.naver.com/koreai815)

·나라사랑배움터 (http://kids.mpva.go.kr)

·어린이 독립기념관 (http://child.i815.or.kr/html/child)

체험활동을 100배 즐기는 특별한 방법

1. 체험을 떠나기 전에 무엇을 준비할까?

애국관련 도서

체험활동 활동북

　　독립에 힘썼던 인물에 관한 자료를 미리 학습하고 가져가 보자. 유관순 외 백범 김구와 같이 독립을 위해 나선 인물에 대한 정보가 있다면 박물관에서 도 쉽게 이해할 수 있을 것이며, 헷갈릴 때 현장에서 다시 꺼내 확인할 수 있 어 좋을 것이다. 천안 독립기념관은 해마다 3월 1일에 '나도 독립운동가' 걷 기 대회가 열린다. 함께하려면 도시락, 간식, 물, 수건 등도 미리 준비하자.

2. 체험활동을 알짜배기로 만드는 방법

(1) 이야기 나누기

– 독립의 의미는 무엇일까? 국가의 의미는 무엇일까?

독립은 나라가 주권을 행사할 수 있도록 자주적으로 서 있는 것이다. 그래야 한 나라가 국민을 위해 정책을 펼 수 있으며, 그 나라에 사는 국민이 행복해 진다. 그 것이 국가인 것이다. 그런데 전쟁으로 속국이 되기도 하고, 환경 등에 의해 국가 가 사라지기도 한다. 오세아니아 투발루의 경우 영국의 식민지였다가 1978년 독 립하였고, 현재는 환경의 영향으로 나라가 물에 잠기고 있어서 곧 국토가 사라질 전망이다.

– 만해 한용운의 '님의 침묵'에서 '님'은 나라를 상징한다. 왜일까?

'님'은 세 가지를 나타낸다. 첫째는 말 그대로 사랑하는 '님'을 이야기하며, 둘째 는 승려였기에 '부처'를 상징한다. 그리고 셋째, 일제강점기에 3.1운동 선언문을 낭 독한 독립운동가인 그는 '나라'를 '님'으로 노래했다.

– 나라를 사랑하는 방법, 어떤 것이 있을까?

나라를 생각하고 지키려는 사람들이 있었기에 오늘날 우리나라가 대한민국이 라는 이름으로 부강할 수 있게 된 것이다. 그럼 우리는 어떻게 나라를 사랑할 수 있을까? *넓은 세상에 나가 보아야 한다. *김치와 된장국을 열심히 먹어야 한다. 더 많은 이야기를 나누려면 리앤북스의 [나라를 사랑하는 30가지 방법]을 부모가 미리 읽고 가는 것도 좋다.

(2) 직업 찾기

독립기념관 안에서 가장 먼저 만나는 매표원을 비롯하여, 구석구석의 자료를 안내하는 도슨트(docent), 박물관 전시의 기획관 관리를 맡은 큐레이터, 그리고 안전을 위한 청원경찰까지 다양한 직업을 가진 사람들이 한 장소에 모여 있다. 기념관 속 직업을 찾아 정리해 보자.

(3) 자료 정리

이번 체험 후에 작성하게 될 보고서는 시간의 흐름대로 쓰는 것이다. 그러므로 입장할 때 받은 표나 팸플릿 앞면에 입장한 시각을 쓴다. 그리고 팸플릿을 먼저 살펴본다. 메모지를 활용하여 기념관 내부에서 본 것들의 이름과 그것들을 보며 나눈 이야기 또는 자신의 생각 등을 기록한다.

3. 1석 2조의 체험 플러스

이곳을 방문하기 전에 서대문형무소(서울) 등을 방문했다면 비교할 것이 있어 더 많은 이야기를 나눌 수 있다. 필자의 딸은 서대문형무소와 독립기념관의 유관순 모습이 다르게 생겼다고 했었다. 또 전시관을 둘러보다 보면 도시락 폭탄을 던진 사람이 안중근인지, 윤봉길인지 헷갈리기도 한다. 이럴 땐 아이와 함께 내기 시합을 할 수도 있고, 사이버 박물관으로 미리 공부해 갈 수도 있다.

독립기념관 내부를 둘러보는 것 외 주변의 아우내 장터나 유관순 생가 등을 답사하는 것도 좋다. 주변에 볼 것이 많지는 않지만 3월 1일은 곳곳에서 만세 재현 행사 등이 있으니 참여해 보자.

그리고 매월 1일과 6일은 5일장이 서니 아우내 장터의 맛과 멋도 아이들과 함께 느껴 보면 좋다.

창체 보고서 꼼꼼 가이드

시간의 순서대로 쓰는 체험 보고서
준비물: 보고서 양식, 필기도구, 잡지, 사진 등

하루 동안 어떤 일들이 있었는지 알아보기 쉽도록 일목요연하게 글쓰기란 쉽지 않다. 이럴 때 일이 일어난 시간의 순서대로 정리해 보자. 정리를 위해서는 시간의 순서대로 해야 할 체험을 정리한 계획표나 팸플릿을 가지고 다니며 시간과 장소 및 생각 등을 함께 기록해 두면 된다. 계획표가 있으면 처음 계획했던 것과 실제 체험이 비교되어 쓸 거리가 많아진다.

역사학자가 되고 싶어요...

역사에 관심이 많은 친구라면, 시대와 지역 등 다양한 주제로 문을 연 박물관으로 가 보세요.

박물관에는 역사를 전문적으로 연구하거나 사학에 밝은 사람들이 사학자 외에도 박물관 학예사, 큐레이터, 문화관광 해설가, 문화유산 복원 보수 전문가, 문화유산 디자이너, 3D 디지털 문화재 복원 및 기술자, 영상콘텐츠 PD, 한류콘텐츠 기획자 등 다양한 분야의 전문가로 활약하고 있답니다.

이렇게 역사와 관련된 일을 하고 싶은 친구들을 위해 대학은 사학과, 고고학과, 역사문화콘텐츠학과, 역사콘텐츠학과, 역사학과, 국사학과, 문화재 발굴보존학과 등이 문을 열고 역사에 관심있는 친구들을 기다리고 있답니다.

친구의 창체 보고서

체험을 순서대로
정리한다.

글이나 그림으로 기록하며,
신문이나 잡지 등에서
오려 붙여도 좋다.

일 시	년 월 일 요일		
주 제	나라 사랑		
일 정	집 ⟶ 천안 독립기념관 ⟶ 아우내 장터 ⟶ 유관순 생가 ⟶ 집		
함께한 이	아빠, 엄마, 언니, 동생, 나		
준 비 물	간식, 수건		
조사한 것	유관순의 생애, 유관순의 업적, 천안의 3.1절 행사 등 ※ 아우내 장터의 역사는 기미년 3월 1일이 아니라 4월 1일이다. 유관순이 서울에서 3월 1일 독립운동에 가담한 후 고향으로 내려와 군중에게 태극기를 나누어 주다가 잡힌 날이 바로 4월 1일이다.		
체험 내용 ＊ 느낀 점	10:00	천안 독립 기념관	기념관이라고 해서 작을 거라 생각했는데, 넓은 잔디가 깔린 광장부터 커다란 전시실과 다양한 건물들이 있어 놀랐다. 전부 보려면 하루 종일 봐야한다고 해서 겁도 났다. 이곳에는 유관순 초상화와...(이하 생략)
	14:00	아우내 장터	시골이어서 그런지 TV에서 본 아담하고 시끌시끌한 장터의 모습은 아니었다. 이곳이 병천 순대로 유명해서인지 순댓국집이 많았다.
	15:00	유관순 생가	유관순이 어린 시절을 보낸 집이라고 한다.
가정 학습	처음에는 태극기가 쉬워 보였다. 그런데 컴퍼스, 각도기 등 필요한 것도, 그리는 과정도 복잡하고 어려웠다. 그래서 초록색만 들어있는 리비아 국기처럼 쉬우면 좋겠다는 생각도 했다. 하지만 국기 안에 우주가 담겨 있다는 설명을 들으니 대단해 보였다.		
붙임 자료	팸플릿, 사진 등		
평 가	스스로 평가	부모님 평가	선생님 확인
	5애(국가, 국기, 국어, 국화, 국토) 중 하나를 체험하고 과정과 느낌을 쓴다.		

체험 내용을 두서없이
늘어놓지 않으려면 시간의
흐름에 따라 정리한다.

9월이
좋아요!

문학관에서 문예창작의 꿈을 꾸다

허균허난설헌기념관

가압장의 물탱크로 하늘과 바람과 별과 시를 느낄 수 있는 윤동주문학관

넓은 벌 동쪽 끝 옛이야기 지줄대는 실개천 흐르는 〈향수〉의 정지용문학관

'시인의 숲'이 있는 〈승무〉의 시인 조지훈을 담고 있는 지훈문학관

소금을 흩뿌려 놓은 듯한 메밀밭 언저리에 있는 작가 이효석문학관

17년간 총 10권으로 구성되어 집필된 〈혼불〉의 최명희문학관

시끌벅적한 도시를 벗어나 옛 문인들의 정신과 가을의 정취를 듬뿍 느끼며 문예창작의 의지를 가득 담아보자.

▶▶ 문학관 나들이

지방자치단체 시대가 열리면서 각 지자체는 고장을 대표하는 문인과 문학을 기리기 위해 문학관을 열었다. 문학관은 대부분 작가가 태어나고 자란 생가나 기거했던 지역에 위치하고 있다. 작가의 문학과 생애를 한눈에 볼 수 있도록 조성되어 있으며, 주로 생가 주변에 위치하고 있다. 작가가 살았던 고장의 문화와 자연을 살펴보고, 작가의 작품 속 세계를 연결하면 문예창작의 동기 부여가 될 것이다.

▶▶▶ 허균허난설헌기념관

허균허난설헌기념관은 조선시대 최초의 한글 소설인 ≪홍길동전≫을 지은 허균과 조선 최고의 여류시인으로 인정받는 허난설헌을 기념하기 위한 문학공간이다.

두 남매는 강릉의 초당 허엽의 자녀들로 문학에 뛰어났다. 그중 허난설헌 허초희는 신동으로 불릴 만큼 시 쓰기에 재능을 보였으며, 천재적인 글 솜씨로 중국은 물론 일본에까지 이름을 알린 시인이었다. 그래서 최초의 한류스타라 불리기도 한다.

기념관에서 경포호로 이어지는 솔숲은 이들의 아버지 허엽이 그녀가 태어났을 때 심은 나무라고 한다. 기념관과 솔숲을 거닐며 자연이 주는, 아버지가 주는, 시대가 주는 영감을 함께 느껴 보자.

▶▶ 김유정문학관

김유정의 소설 『봄봄』과 『동백꽃』은 실레 마을을 중심으로 점순이 이야기가 펼쳐진다. 소설 속에 등장하는 실레 마을은 작가 김유정의 고향이며, 한때 그가 야학당에서 아이들을 가르치고, 금병의숙을 설립하는 등의 농촌계몽운동을 펼쳤던 곳이다.

따스한 봄이 올 때쯤 실레 마을 둘레길을 걸으며 알싸한 향 풍기는 노란 동백꽃, 아니 생강꽃을 느껴 보는 것도 좋겠다.

유명 작가들의 생가와 전시관

윤동주(윤동주문학관)
서울 종로구 창의문로

황순원(황순원 문학촌)
경기도 양평군 서종면

이광수 박경리 등(영인문학관)
서울 중구 평창30길

조병화 (조병화문학관)
경기 안성시 양성명

홍난파 (생가)
경기 화성 활초동

정지용 (정지용문학관)
충북 옥천군 옥천읍

김정희 (생가-추사고택)
충남 예산군 신암면

한용운 (생가)
충남 홍성군 결성면

조정래 (조정래 아리랑문학관)
전북 김제시 부령면

최명희 (최명희문학관)
전북 전주시 완산구

홍길동 (생가)
전남 장성군 황룡면

한승원, 이청준, 송기숙
(천관문학관)
전남 장흥군 대덕읍

박용철 (생가)
광주 광산구 소촌동

김영랑 (생가)
전남 강진군 강진읍

정약용 (유배지-다산유물전시관)
전남 강진군 도암면

허균, 허난설헌 (허균허난설헌기념관)
강원 강릉시 초당동

김병연 (김삿갓문학관)
강원 영월군 김삿갓면

박인환 (박인환문학관)
강원 인제군 인제읍

이효석 (생가)
강원 평창읍 봉평면

조지훈 (지훈문학관)
경북 영양군 일월면

김동리*박목월
(동리목월문학관)
경북 경주시 진현동

박경리(박경리기념관)
경남 통영시 산양읍

류치환 (문학관)
경남 통영시 정량동

서정주 (미당시문학관)
전남 고창군 부안면

이중섭 (생가)
제주 서귀포시 서귀동

김정희 (유배지-추사유배지)
제주 서귀포시 대정읍

체험활동을 100배 즐기는 특별한 방법

1. 체험을 떠나기 전에 무엇을 준비할까?

문학가들의 작품 한두 편 읽고 가면 어떨까? 봉평 이효석 생가로 간다면, 『메밀꽃 필 무렵』을 읽고 가 보자. 그리고 책 속에 등장하는 메밀밭과 주변의 장터를 돌아본다면 더욱 생동감 넘치는 체험이 될 것이다.

2. 체험활동을 알짜배기로 만드는 방법

(1) 이야기 나누기

- 작가와 풍경

'장-프랑수아 밀레'하면 다수의 사람들이 '만종'을 떠올린다. 자연주의 화가였던 밀레는 자연과 들판에서 일하는 농부의 모습들을 그림의 소재로 삼았다. 글도 마찬가지다. 김유정은 어릴 때 살던 실레 마을을 배경으로 이야기를 써 나갔고, 이효석은 자신의 집 마당과 동네에 지천으로 피어있던 메밀꽃을 제목으로 했다. 시인 박목월은 고향 마을의 실개천을 시 속에 담았으며, 김소월 역시 동네에 피어있던 진달래꽃을 시어로 선택하였다. 이렇게 주변의 풍경은 작가에게 창작의 욕구를 불러일으키는 소재가 되기도 한다.

허난설헌 기념관에서 이야기 하는 평등

우리는 평등을 무조건 '똑같이'라 생각하기 쉽다. 하지만 무언가를 똑같이 하기
위해서는 나누기 이전의 상황도 똑같아야 한다. 예를 들어 장애인과 비장애인에게
똑같이 대하는 것은 불합리하며, 여성과 남성을 똑같이 취급하는 것도 불합리하다.
그래서 평등이란 같은 처지에 있는 사람을 똑같이 대하는 것이며, 만약 같은 입장
이 아니라면 같이 입장이 될 수 있는 무언가를 충족시켜 주어야 평등이 성립된다.

(2) 직업 찾기

문학관 안에는 여느 박물관처럼 도슨트와 큐레이터가 근무하고 있는 곳도
있지만, 지역의 문인이 그 역할을 대신하는 경우도 있다. 또한 한쪽 공간에
자리하여 글을 쓰거나 강의를 진행하기도 한다. 그들과 작가의 길에 대한 이
야기도 나누고 좋은 글을 쓰는 비결도 들어 보자. 문학관 안에 있는 사람들
과 자신의 꿈에 대한 이야기를 나눠 보자.

(3) 자료 정리

이번 체험활동 후에 작성하게 될 보고서는 자신의 생각을 나타내는 주장
글쓰기다. 매년 6월이 되면 교육부 주관하에 양성평등을 주제로 자기주장
글쓰기 대회가 전국적으로 열린다. 자신의 생각이 담긴 글을 쓰기 위해서는
근거 자료가 필요하다. 체험을 하면서 자신의 생각을 정리하고, 그 생각을 뒷
받침할 만한 근거 자료를 수집해야 한다. 하지만 처음부터 생각이 정리되어
있지 않다면 어떤 근거 자료를 수집해야 할지 가늠하기 어렵다. 그럴 때에는

다양한 자료를 수집하고, 기록해야 한다.

3. 1석 2조의 체험 플러스

문학관에서는 시 낭송·영상물 관람 등을 할 수 있고, 생가나 고택에서는 집 둘러보기·마당에 심겨진 나무 살펴보기 등을 하면 된다. 그 외 유배지나 공원에서는 무엇을 기리기 위함인지 조사하고 살피는 체험을 하도록 한다.

창체 보고서 꼼꼼 가이드

병풍 책으로 작성하는 보고서

준비물: 색도화지 , 필기도구, 색연필, 신문, 사진, 풀, 자, 가위 등

- 4절 도화지를 병풍처럼 지그재그로 이어 일명 아코디언 북을 만든다.
- 조사한 내용과 신문 스크랩 및 체험을 분류한다.
- 체험을 통해 알게 된 것과 생각을 정리하여 쓴다.

작가가 되고 싶어요.

한강의 『채식주의자』가 맨부커상을 받으면서 문학에 관심을 가지는 친구들이 많아졌답니다. 이런 친구들과 함께 소설의 배경이 된 마을, 시인의 언덕이 있는 문학관으로 함께 가 보면 어떨까요?

허난설헌과 같은 시인, 해리 포터의 조앤 롤링 같은 소설가가 되고 싶다면, 대학의 국어국문학과, 문예창작학과, (연극)영화과 등에 노크해 보세요.

혹 시대를 반영한 멋진 시나리오를 쓰고 싶다면 시나리오 작가나 방송 작가를 생각해 보세요. 영화산업의 성장과 방송환경의 다매체 다채널화로 전망이 밝을 것으로 예상됩니다. 이 경우 방송아카데미, 영화아카데미, 관련 협회 등에서 전문 교육을 받을 수 있답니다.

작가가 되는 길은 이 외에도 열려 있어요. 어려서부터 재능이 있다면 좋겠지만, 그렇지 않더라도 다독(多讀), 다작(多作), 다상량(多常量)을 몸에 익혀, 다양한 문예대회에서 입상하면 작가로 등단할 수 있답니다.

친구의 창체 보고서

표지는 주제가 명확히
드러날 수 있도록 꾸미는
것이 좋다.

이동 경로를 표시한 지도를
붙여 정리해 보자.

입장권 등도 근거를 남기는
데 훌륭한 자료가 된다.

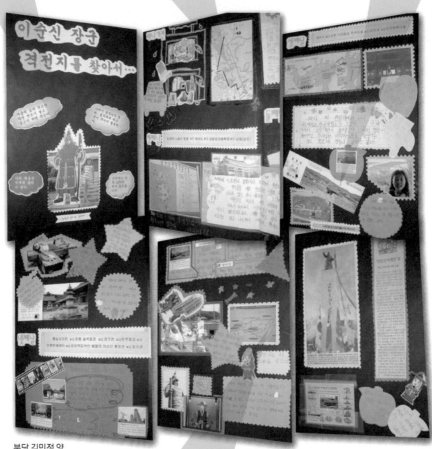

분당 김민정 양

사전 조사로 신문 스크랩을 하였다면 근거 자료로 붙여주는 것이 좋다.
또한 자신의 생각 등을 글로 남겨 저장하면 된다.

지구촌민속교육박물관에서
세계문화전문가의 꿈을 키우다

♫ 지구는 둥그니까 자꾸 걸어 나아가면
온 세상 어린이들 다 만나고 오겠네.

수많은 세계인이 모여 하나가 되는 지구촌. 그 지구촌의 다양한 문화와 친구들을 만나러 지구촌민속교육박물관을 찾아보자.

지구촌민속교육박물관은 종교와 문화 부문 유물, 의식주 분야의 지구촌 민속유물 등이 전시되고 있다. 또 탁본 실습, 악기 소리 체험, 세계 민속 관련 OX퀴즈 풀이 등의 다양한 상상교육프로그램이 진행된다. 그 외에도 민화부채·탈·민속의상 만들기 등의 체험을 하는 방학특별 체험교실, 1일 박물관 교실, 한 학급이 참여하는 박물관 학교 등의 특별교육프로그램이 진행된다. 이곳에서 세계문화전문가의 꿈을 키워 보자.

자유학기제 대비 노하우 **체험활동이 아이의 미래를 좌우한다**

5대양 6대주로 이루어진 지구에는 242개(국제법상 국가로 인정)의 국가가 존재한다. 국가의 개수는 UN회원국(191), 세계 지도 정보(237), 한국의 수출국(224) 등 어떤 기준에서 보느냐에 따라 다르다.

이렇게 많은 나라의 사람들은 어떤 환경 속에서 태어나고, 어떤 문화 속에서 성장하게 될까? 이런 것들을 알아보기 위해서는 비행기를 타고 떠나야겠지만, 우리나라에서도 체험이 가능하다. 이러한 세계 문화 체험은 우리 친구들의 시야를 우리 동네가 아닌 지구촌으로 넓혀 줄 것이고, 다양한 문화와 인종 등을 이해하고, 틀림이 아닌 다름에 대한 이해와 배려를 익혀 글로벌한 인간으로 성장하는 데도 밑거름이 될 것이다.

현대 사람들은 '지구촌'이라는 말을 사용한다. 지구촌은 문명 교통과 통신의 발달로 전 세계가 한마을처럼 가까워졌다는 뜻을 가진 말이다. 공동체를 이루고 상품과 정보가 국경을 초월하여 자유롭게 이동한다는 뜻을 담은 이 말은 마샬 맥루한이 쓴 책 『지구촌(Global village)』에서 처음 사용되었다.

다른 나라의 전쟁이나 수해는 이제는 남의 일이 아니라 지구촌에 사는 모두의 일이 되었다. 예전에는 땅을 차지하기 위해 전쟁을 했지만 오늘날에는 이스라엘과 팔레스타인의 영토 분쟁, 기독교와 이슬람교의 레바논 내전, 중국으로부터 독립하기 위한 티베트의 독립운동 등 다양한 갈등으로 인해 전쟁을 한다. 이러한 전쟁은 군대를 파병하거나 석유 값이 치솟게 하는 등 지구촌 사람들에게 나쁜 영향을 끼친다.

▶▶ 지구촌민속교육박물관

　지구촌민속교육박물관은 학생, 학부모와 시민들에게 지구촌의 다양한 문화를 이해할 수 있는 기회 제공과 교육 효과를 높이기 위해 2006년 서울특별시교육청이 개관하였다.

세계 문화 체험

서울	서울빛초롱축제 (종로) 청계천 일대에서 열리는 등 축제로 세계의 등으로 서울의 밤을 아름답게 밝히는 문화축제이다.
	세계 장신구 박물관 (종로) 세계 곳곳의 장인들이 만든 진귀한 장신구가 전시되어 있다.
	지구촌 민속(교육)박물관 (중구) 150여 나라의 의식주 및 관혼상제 유물과 희귀유물이 있다.
	지구촌체험관 (서초) 우리 가까이 있는 개발도상국의 모습을 전시하고 있다.
경기	에버랜드 (용인) 입구에 늘어선 건축물을 통해 세계의 건축양식을 만난다.
	세계 민속관 (용인) 한국 민속촌 안에 있는 민속관으로 의식주 생활과 생업 기술, 문화 예술 등을 전시하고 있다.
	세계 민속악기 박물관 (파주) 러시아·독일 등의 민속악기·전통인형·그림 등이 있다.
	쁘띠 프랑스 (가평) '작은' 프랑스 마을이란 뜻으로 프로방스 마을처럼 꾸민 문화 마을이다. 생텍쥐페리 기념관과 어린왕자를 만날 수 있다.

인천	**차이나타운 (인천)** 1934년에 세운 화교 중신학교와 청국 영사관 터 및 처음 자장면을 만들었다고 알려진 공화춘 등이 있다.
강원	**세계 민속악기 박물관 (영월)** 지구촌의 다양한 재료와 종류의 악기가 있다. 직접 체험해 보는 공간도 마련되어 있다.
	영월 아프리카 미술 박물관 (영월) 아프리카 여러 부족의 생활, 의식, 신앙, 축제 등 담고 있다.
	지구촌오지민속박물관 (홍천) 캐나다·카메룬·몽골 등 오지 마을 모습이 전시되고 있다.
경북	**경주 세계 문화 엑스포 (경주)** 2~3년마다 개최되며, 1998년 '새천년의 미소', 2011년 '천년의 이야기-사랑, 빛 그리고 자연' 등 다양한 주제로 열린다.
	김천 세계 도자기 박물관 (김천) 세계 여러 나라의 다양한 모양의 도자기가 전시되어 있다.
	하회동 탈 박물관 (안동) 하회탈을 비롯하여 세계 각국의 탈을 전시하고 있다.
경남	**사천 세계 타악 축제 (사천)** 한국, 미국, 이스라엘, 브라질, 일본, 중국 등의 타악 연주를 들을 수 있다.
	남해 독일 마을 (남해) 독일에서 직접 건축 재료를 수입해 전통 독일식으로 지은 주택들이 있다.
사이버	**주니어 앰버서더 (http://juniorambassador.eduhulla.co.kr/)** 영국, 프랑스 다양한 나라의 문화를 소개하고 있다.

체험활동을 100배 즐기는 특별한 방법

1. 체험을 떠나기 전에 무엇을 준비할까?

　세계 여러 나라에 대한 문화를 배우기 위해서는 지구촌에 대해 먼저 이해하고 있어야 한다. 이 지구 안에는 얼마나 많은 나라가 있는지, 그 나라들은 어디에 있으며 어떤 언어를 사용하고 있는지 등에 관심 가져 보자. 지구촌 모든 나라를 알고 보기 어려우니 국기와 국가에 대한 정보를 담은 책을 들고 그 나라의 위치와 언어, 종교, 정치 등을 함께 이해하며 관람하면 훨씬 재미있을 것이다.

2. 체험활동을 알짜배기로 만드는 방법

(1) 이야기 나누기

－ 하회탈과 지구촌민속교육박물관의 탈 비교

　신분적 특성을 해학적으로 표현하였다. 얼굴은 좌우 비대칭이고, 각 성격에 알맞은 표정을 짓도록 만들었다. 그럼 여기 있는 이보족의 탈과 인물형 탈을 비교해 보자. 이보족 탈은 나이지리아의 탈로, 마름모꼴 얼굴을 하고 있어서 브이라인으로 보인다. 그리고 모자도 쓰고 있다. 인물형 탈은 아프리카의 탈처럼 보이는데 필리핀의 탈이다. 머리에 꽃무늬를 새기고 입을 벌리고 있는 가면인데 이빨이 무섭게 생겼다.

– 부채도 가지각색이다.

　미얀마의 부채는 중앙에 몸채를 두고, 날개를 활짝 편 공작새 모양을 하고 있다. 우리의 부채는 대나무와 한지로 만들고 산수화나 한시를 써 넣은 합죽선이 있다. 옛날에는 부채의 용도가 매우 다양하여 부채 선물이 최고의 선물이었다. 태국 부채는 대부분 동그랗게 생겼는데, 새 깃털을 사용하거나, 여러 가지 색을 섞어 만든 것이 특징이다.

(2) 직업 찾기

　지구촌이 된 지구. 이미 지구는 경제의 국경이 사라져 상품, 돈, 인력이 자유롭게 드나드는 세계화를 맞이하였다. 우리나라 안방에서 뉴욕 증시시장에 투자할 수 있는 시대가 된 것이다. 우리나라에도 현재 많은 노동인력이 들어와 있고, 곧 전문 인력 시장도 열리게 된다. 그러므로 좁은 국내시장에서만 찾을 것이 아니라, 글로벌한 시대에 밖으로 눈을 돌려 일자리를 찾아보는 것은 어떨까? 그러기 위해서는 지구촌의 다양한 문화를 이해하고 있어야 한다.

(3) 자료 정리

　이번 체험 후에 작성하게 될 보고서는 '지구촌 소식 담은 책' 만들기이다. 체험을 하면서 각 나라를 대표하는 문화를 하나씩 뽑아 책 속에 그 나라에 대한 정보와 함께 담으면 된다. 이때 팸플릿, 세계민속의상 종이접기, 신문 사진이나 기사 등을 함께 활용하면 좋다.

3. 1석 2조의 체험 플러스

체험지에 따라 세계의 탈 만들기, 음식 시식하기 등 다양한 것들을 준비되어 있다. 체험을 떠나기 전에 인터넷이나 전화 문의를 통해 확인하자.

세계 문화 체험은 각국 문화원에서도 가능하다. 현재 우리나라에 프랑스(www.institutfrancais-seoul.com), 독일(www.goethe.de/ins/kr), 영국(www.britishcouncil.kr), 이탈리아(http://www.iicseoul.esteri.it), 터키(www.turkey.or.kr), 일본(www.kr.emb-japan.go.jp), 몽골(www.mongolcenter.org), 이스라엘(www.ilculture.or.kr) 등의 문화원이 오픈되어 있다. 모두 서울에 위치해 있으니 문화원 체험을 따로 계획하는 것도 좋다.

이러한 체험은 우리가 자주 가는 놀이동산에서도 가능하다. 에버랜드의 경우 입구에 들어서서 처음 만나는 건물들이 세계의 건축 양식을 모방한 것이다. 또 여러 놀이동산이 펼치는 할로윈 파티나 퍼레이드를 통해서도 문화를 엿볼 수 있으니, 그저 입 벌리고 보기만 하지 말고, 세계의 다양한 축제의 이야기도 함께 나눠 보자.

창체 보고서 꼼꼼 가이드

지구촌 소식 담은 책 만들기

준비물: 4절지, 필기도구, 풀, 가위, 색연필, 사인펜, 팸플릿 등

1. 4절지를 접어 기본 책을 만든다.
2. 그 나라에 대한 기본 정보를 담는다. 이때 종이접기 등을 활용하면 전통의상까지 함께 담을 수 있다.
3. 체험한 문화도 소개하고, 신문에 실린 기사도 함께 실어 그 나라를 소개하는 자료로 만든다.
4. 한 권에 한 나라를 담아도 좋고, 한 페이지에 한 나라를 담아도 좋다.

세계 문화 전문가가 되고 싶어요.

머지않아 전 세계가 1일 생활권으로 바뀐다고 합니다. 터널 속 공기를 뽑아낸 진공 상태를 초음속으로 달리는 미래형 열차 '하이퍼루프'가 2020년 개통을 앞두고 있습니다. 전국이 1일 생활권이 된 지금도 하루에 부산을 다녀올 수 있다는 것이 신기한데, 미래는 미국을 당일로 다녀올 수 있다니 대단한 발전이지요.

세계의 다양한 문화(역사, 생활양식, 언어, 예술 등)와 새롭게 생겨나는 문화에 관심을 가진 친구라면 '하이퍼루프'를 타고 전 세계를 누비며 각 나라의 고유하고 신비한 문화를 연구하고 알리는 일을 해 보면 어떨까요?

이러한 문화와 관련된 공부를 하려면 문화인류학과, 문화학과, 고고미술사학과, 민속학과, 문화재보존학과, 인류학과 등을 목표로 삼아보세요. 이렇게 공부한 친구들은 주로 국립중앙박물관, 국립민속박물관, 시·도립박물관, 대학박물관 등에서 일할 수 있어요. 또한 문화재청, 지역문화원, 국가기록원 등에서도 문화와 관련된 일을 할 수 있지요. 이 밖에도 국립문화재연구소, 국립경주문화재연구소, 민족문제연구소, 한국정신문화연구원 등의 다양한 문화연구소에서도 일할 수 있답니다.

세상은 넓고 할 일은 많다고 하는데, 이제 우리 주변으로 빠르게 다가오는 세상으로 나아가 할 일을 찾아보는 것은 어떨까요?

친구의 창체 보고서

세상에서 하나뿐인

최미정 작품

7월~9월이
좋아요!

과거로 떠난 시간여행에서
큐레이터를 만나다

인간 역사에서 가장 오래된 석기시대 사람들은 어떻게 살았을까? 상상하기도 힘든 시대 속으로 들어가 움집을 짓고, 막대를 비벼 불을 지피는 체험을 통해 그 시대 사람들의 지혜를 배울 수 있는 암사동 선사유적.

그리고 벽화를 통해 씩씩한 기상을 보여주는 고구려, 경주를 통해 가장 많은 문화를 만날 수 있는 신라, 아름답고 섬세한 문화를 지닌 백제. 삼국 시대 도읍지 여행을 떠나 보자.

▶▶ **암사동 선사유적**

암사동 선사유적은 관람객을 위한 문화유산해설, 암사역사문화대학, 문화유산답사 등 다양한 교육프로그램도 운영하고 있다. 또한 도시 생활에 지친 시민들에게는 편안한 쉼터와 문화의 공간으로, 자라나는 우리의 어린이들에게는 살아 있는 선사문화 체험마당으로 이용되고 있다.

이곳에서 약 1시간가량 진행되는 문화유산해설을 들으며, 큐레이터의 꿈을 키워보자.

경복궁, 창경궁 등 조선의 궁 외에는 우리에게 알려진 왕궁이 많지 않다. 그나마 만날 수 있는 곳은 드라마 세트장뿐이다.

BC 57년, 삼국 가운데 가장 먼저 문을 열고 삼국을 통일한 신라는 금성(경주)에 자리를 잡고 통일신라까지 이어진다. BC 37년, 고구려는 졸본을 시작으로 국내성과 평양성 등 여러 차례 도읍지를 옮겼다. BC 18년, 마지막으로 문을 연 백제는 위례성(서울)에서 시작하여 웅진(공주)-사비(부여)로 도읍지를 옮겼다. 하지만 안타깝게도 궁들의 흔적이 남아 있지 않은 가운데 최근 부여에 백제 문화 단지가 문을 열었다.

▶▶ 세계유산이 된 경주

알에서 태어난 박혁거세가 세우고, 천 년을 신라와 통일신라의 도읍지 역사를 지닌 경주. 지금의 우리는 감히 흉내 낼 수 없는 과학 기술을 지녔던 신라. 그리고 그 역사를 고스란히 담아 오늘날 지붕 없는 박물관으로 불리며 세계유산이 된 경주로 떠나 보자.

▶▶ 백제 문화 단지

고대 동방 문화의 중심으로서 찬란한 문화의 꽃을 피운 백제 문화의 우수성을 세계에 알리고자 2010년에 문을 열었다. 백제의 왕궁인 사비궁, 대표적 사찰인 능사(陵寺), 백제인의 주거문화를 보여주는 생활 문화 마을 등이 있다.

선사시대 체험할 곳

패총은 선사시대의 유물 중 하나인 조개껍데기 무덤과 함께 선사시대 유물을 전시하고 있다. 그리고 주거지와 유적지의 경우 움집 등을 함께 전시하고 있으니 체험의 목적이나 장소의 선정 등을 고려하여 선택하자.

서울 암사동선사주거지
sunsa.gangdong.go.kr

연천 전곡리선사유적지
http://www.yeoncheon.
go.kr/seonsa/index.
yeonche

강원 양구선사박물관
www.ygpm.or.kr

태안 고남패총박물관
www.taean.go.kr/tour/
sub04_07_01_01.do

공주 석장리박물관
www.sjnmuseum.go.kr

대전 둔산선사유적지
http://www.seogu.go.kr/sorg/content.
do?mnucd=SGMENU0500046

부여 송국리선사취락지
tour.chungnam.net

부산 동삼동패총전시관
tour.busan.go.kr

창원 성산패총향토유물전시관
www.changwon.go.kr

화순 고인돌체험활동관
www.dolmen.or.kr

고성 고성공룡박물관
www.dolmen.or.kr

해남 해남공룡박물관
uhangridinopia.haenam.go.kr

·도읍지 기행

경복궁, 창경궁, 창덕궁, 덕수궁, 경희궁(서울 종로구)

서울 역사박물관(서울 중로구 / www.museum.seoul.kr)

백제 문화 단지(충남 부여군 규암면 / www.bhm.or.kr)

청주 백제 유물 전시관(청주시 흥덕구 / www.cjbaekje.net)

국립 공주 박물관 (충남 공주시 / gongju.museum.go.kr)

한성 백제 박물관(서울 송파구 / baekjemuseum.seoul.go.kr)

백제 군사 박물관(충남 논산시 / museum.nonsan.go.kr)

미륵사지 유물전시관(전북 익산시 금마면 / http://iksan.museum.go.kr/home)

신라 역사 과학관(경북 경주시 하동 / www.sasm.or.kr)

서동요 테마파크(충남 부여군 충화면)

KBS 문경 촬영장(경북 문경시 문경읍)

문경 가은오픈 세트장(경북 문경시 가은읍)

안동 KBS드라마 촬영장(경북 안동시 성곡동)

남양주 종합촬영소(경기도 남양주시 조안면 / studio.kofic.or.kr)

고구려 대장간마을(경기 구리시 아천동 / www.goguryeotown.co.kr)

·전통문화체험마을

▷ 청계천과 종로의 뒷동네라는 이름으로 붙여진 북촌. 도심 속의 거리 박물관이라 이름 붙여진 북촌 한옥마을 (bukchon.seoul.go.kr)

▷ 도성의 남쪽에 위치하여 이름 붙은 남산. 전통양식의 정원이 있어 조상들의 풍류 생활을 볼 수 있는 남산골 한옥마을 (www.hanokmaeul.or.kr)

▷ 낙동강이 마을 주변을 S자 모양으로 휘돌아서 붙여진 하회. 풍산류씨가 600년간 대대로 살아온 경북 안동 하회마을 (www.hahoe.or.kr)

▷ 수백 년 된 기와집과 나지막한 토담으로 이어져 있으며 와가와 초가 등이 한 폭의 동양화 같아 '한국의 역사마을'로 유네스코에 등록된 경주 양동마을 (yangdong.invil.org)

▷ 북방식 가옥형태를 원형 그대로 보존하고, 집집마다 굴뚝 위에 항아리를 얹어 놓는 전통을 지키고 있는 고성 왕곡마을. 10월 전통민속체험축제가 열린다. (www.wanggok.kr)

▷ 한옥과 일본식 건물이 한데 어울려 있는 기묘한 도시색을 가진 전주 한옥마을

▷ 이 외에도 대율리전통문화마을(경북 군위군 부계면), 고령 개실마을(경북 고령군 쌍림면) 등 다양한 전통문화를 보여주는 마을들이 복원 중이거나 계획 중에 있다.

체험활동을 100배 즐기는 특별한 방법

1. 체험을 떠나기 전에 무엇을 준비할까?

　백제 문화 단지는 백제 역사와 문화에 대한 이해를 돕기 위해 해설서비스를 제공하고 있다. 따로 둘러봐도 좋지만 해설사의 설명을 들으면 전문지식뿐만 아니라, 그곳에 얽힌 일화 등 다양한 이야기를 함께 들을 수 있어 좋다. 해설사의 설명을 듣기 위해서는 홈페이지를 통해 동행 가능한 시간을 확인하고 가도록 하자.

　이들 도읍지들은 전담 문화관광 해설사가 동행하여 안내 하는 투어버스를 운영하고 있다. 시티투어는 대부분 예약제로 운영되므로 해당 홈페이지를 통해 반드시 예약하여야 한다.

2. 체험활동을 알짜배기로 만드는 방법

(1) 이야기 나누기

- 도읍지들의 특징이 뭐지?

　도읍지는 한 나라의 수도다. 백성들이 모여 살기 알맞고 나라를 잘 다스릴 수 있는 곳이어야 하며, 외적의 침입을 막을 수 있는 곳이어야 한다.

　삼국사기를 보면 고구려에서 갈라져 나온 비류는 신하들의 반대를 무시하고 미추홀(지금의 인천으로 추정)에 도읍을 정하고, 온조는 신하들의 뜻을 받아들여 위례(지금의 공주)에 도읍을 정하였다. 온조가 다스리는 위례의 백성들이 잘 살고 있는 것을 알게 된 형 비류는 자신의 뜻을 부끄럽게 여겨 죽고, 그를 따르던 사람들은 위례로 와서 온조를 따르게 되었다. 비류가 실패했던 이유는 미추홀의 땅이 습하고 물이 짜서 살기에 좋지 않은 곳이었기 때문이었다. 반면 위례는 북쪽으로는 강이 있고, 동쪽으로는 높은 산이 있고, 남쪽으로는 넓은 평야가 있어 도읍을 정하기에 적합한 곳이었다.

- 사람들이 잘 사는 도읍지가 되려면 세 가지가 필요해. 그게 뭘까?

　도읍지의 특징 중, 위례 이야기 속에 등장한다. 바로 강과 산 그리고 넓은 들(평야)이다. 일단 강은 식수이기도 하면서 다른 나라와 오고가기 쉬운 역할을 하고, 적의 침입을 방지하는 역할도 한다. 산은 차가운 북풍을 막아주며, 강과 마찬가지로 외적의 침입을 막는 역할도 한다. 넓은 들은 백성들이 농사를 짓거나 집을 지어 살기 좋은 나라를 만들어 주는 역할을 한다.

– 고구려 유적은 우리나라에 하나도 없을까?

고구려는 우리가 살고 있는 남한 지역이 아니기 때문에 유적이 하나도 없을 것 같지만 유일하게 남아있는 석비가 있다. 충주에 있는 중원 고구려비가 바로 그것이다. 이 석비는 장수왕이 남한강 유역의 여러 성을 공략하여 개척한 후 세운 기념비로 추정된다. 1979년 발견되었는데, 당시 마을 사람들은 이 비의 중요성을 몰라 빨래판으로 사용하기도 하여 비문이 심하게 훼손되어 있었다. 석비는 고구려 영토의 경계를 표시하는 비로, 백제의 수도인 한성을 함락하고 한반도의 중부지역까지 장악하여 그 영토가 충주지역에까지 확장되었음을 말해주는 귀중한 자료다. 우리나라에 남아있는 유일한 고구려 유산이라는 점에서 역사적 가치를 지닌다.

(2) 직업 찾기

옛도읍지를 재현해 놓은 세트장에서 어떤 직업을 만날 수 있을까? 우선 궁궐을 짓고 보수하는 문화예술 지킴이 궁궐 목수가 있다. 이들은 궁궐의 건물이나 커다란 대문뿐만 아니라 그 속에 담긴 가구와 자잘한 것까지 손끝으로 만들어낸다. 궁궐 목수 가운데 으뜸을 도편수라 부른다.

이 외에도 궁궐을 해설해 주시는 궁궐 길라잡이와 궁궐의 유물을 관리하는 큐레이터 등 다양한 직업을 만날 수 있다.

(3) 자료 정리

이번 체험학습 후에 작성하게 될 보고서는 '사진 글쓰기'이다. 이를 위해서는 다양한 사진을 찍어 두어야 한다. 사진을 찍을 때는 사람이 중심이 되는 사진도 좋지만, 건물이나 식물 등 배경 중심의 사진도 찍어 두는 것이 좋다.

3. 1석 2조의 체험 플러스

시대마다 체험이 달라진다. 연천 전곡리는 구석기 유적을, 서울 암사동 선사주거지는 신석기 유적을 전시하고 있으며 5월에 축제를 열고 있다. 이 축제 기간 동안 나무를 비벼 불을 피우고, 움집을 지어보는 다양한 체험을 할 수 있다. 이 기간이 아니어도 상시 체험이 가능하도록 전시하고 있으니 다양한 체험을 즐겨보자.

9월 말경 백제 문화제가 부여와 공주시 일대에서 열린다. 이 문화제는 백제인의 얼과 슬기를 드높이고, 백제 문화를 계승하고 발전시키기 위해 개최되는 향토축제이다. 백제왕 천도, 백제대왕제, 백제 역사 문화체험 등 다양한 행사가 열린다. 특히 문주왕 웅진성 천도의식 및 행차와 백제 문화 가장 행렬에는 5,000명 이상이 참여하니 이런 기회에 백제 문화를 체험해 보자 (www.baekje.org).

백제의 도읍지 부여는 규모가 작고, 패망의 역사로 폄훼된 백제의 도읍지였기에 관광지로 발전하지 않아 잘 알려지지 않았을 뿐 경주만큼이나 많은 유적을 가진 고장이다. 백제 최고의 걸작품인 오층 석탑을 품은 정림사지, 백제의 마지막 왕궁 터인 부소산성, 그리고 삼천 궁녀의 이야기를 간직한 낙화암 등 다양한 유적과 볼거리를 만나 보자.

창체 보고서 꼼꼼 가이드

역사 신문으로 쓰는 보고서

준비물: 보고서 양식, 필기도구, 자료 사진 등

　글을 쓸 때 우리는 자신의 경험을 떠올리고 생각을 끌어내어 종이에 옮기게 된다. 하지만 지나간 일들을 떠올려 무언가를 적기란 쉽지 않다. 이때 사진이 있다면 이야기는 달라진다. 경험에 대한 기억뿐만 아니라 그것에 담긴 추억

에듀포인터 선생님의 진로 TIP

　국립중앙박물관은 2015년 한일국교정상화 50주년을 계기로 한국과 일본 대표 반가사유상 1점씩을 최초로 함께 감상할 수 있는 특별전 '한일 국보 반가사유상의 만남'을 마련했지요. 이렇게 유물의 전시 기획은 물론 예술 작품과 유물 등의 자료를 보존하고 분류하며 해석하는 연구자를 큐레이터라고 합니다. 박물관에 전시 중인 유물들을 관람객이 알기 쉽게 설명하기도 하기도 하지요.

　고고학 박물관에서 일하는 큐레이터는 유물·유적 발굴과 연구를 위해, 예술가를 섭외하기 위해 지방이나 해외로 출장을 가기도 합니다. 전시가 계획되면 밤새워 작업하는 날도 많지요. 미술관이나 박물관 등은 대부분 휴일에 문을 열기 때문에, 다른 사람들이 쉴 때 일해야 하는 어려움도 있답니다.

　큐레이터가 되려면 대학에서 고고학·미술사학 등 관련 학과를 전공하면 좋습니다. 최근엔 큐레이터 양성 과정 프로그램을 진행하는 대학도 생겼지요. 대부분의 큐레이터는 유학을 다녀오거나 대학원을 졸업하는 등 석사 이상의 학력을 가졌고, 국가에서 인정하는 자격증을 가지고 있답니다. 관련자격증으로는 박물관 및 미술관 준학예사가 있어요.

도 꼬리에 꼬리를 물고 나오게 된다. 이렇게 사진을 활용하면 어렵게 설명하지 않아도 쉽게 이해할 수 있으며, 우리가 쓴 글이 사실임을 증명해 주기도 한다.

친구의 창체 보고서

사진을 시간의
순서대로 정리한다.

사진을 설명하듯 글을 쓴다.
이때 체험의 경험과 생각
또는 느낌을 함께 담는다.

일 시	년 월 일 요일
주 제	나라 사랑
함께한 이	엄마, 아빠, 큰 누나, 작은 누나, 나
여행 동기	엄마께서 부여로 수업을 하러 가게 되어 학교에 체험활동 신청을 하고 부여로 놀러 갔다.

어릴 때 왔었다는데 전혀 기억나지 않았다. 우리는 백제의 역사를 담고 있는 백제 문화역사관에 먼저 들어갔다.
거기서 나도 백제인이 된 것처럼 하고 사진도 찍었다.
그냥 유물만 있는 것이 아니라 나보다는 좀 작은 인형들이 많이 전시되어 있어서 나도 백제인이 된 것 같았다. 꼭 드라마 세트장에 있는 것 같았다.

작은 누나랑 내 뒤로 보이는 긴 건물이 바로 백제의 왕궁인 사비궁이다.

궁 안에는 중궁전과 동궁전 그리고 왕이 평소 집무를 보는 공간인 서궁전 등이 있다. 궁을 새롭게 재현해서 그런지 대단히 웅장하고 멋졌다.

서동요에 나오는 무왕의 아버지가 무왕의 어머니를 만났다는 포룡정에도 가 보았다.

황포돛대에 서니 마치 내가 옛날 사람이 된 것 같았다. 금방이라도 사공이 와서 나를 싣고 떠날 것 같았다. 실제 배는 움직이지 않도록 되어 있어 안전했다.

2

사회 계열 직업
&
진로

여름과 겨울이
좋아요!

철새 따라 텃새 따라
생태전문가를 꿈꾸다

더워서 아무 것도 하기 싫은 여름, 추워서 아무 것도 할 수 없을 것 같은 겨울, 이때가 아니면 할 수 없는 체험여행이 있다. 대자연 속에서 화려한 군무를 펼치는 철새들을 만나는 탐조여행!

우포늪 생태관은 조류, 어류, 포유류, 양서류, 파충류 등 각종 습지 야생동물의 기록을 보존, 연구하며 대중에게 전시하는 곳이다. 또한 사람도 자연

의 일보라는 사실을 알려주고, 자연환경과 함께 어떻게 살아가야 할 것인지를 알려주는 곳이다.

▶▶▶ 철새와 텃새 그리고 람사르 협약

한 지방에서 서식하는 조류는 그 이동을 기준으로 1년 내내 볼 수 있는 텃새(꿩, 박새, 딱새 등)와, 번식지와 월동지를 정해진 계절에 따라 이동하는 철새로 나뉜다. 철새는 다시 여름 철새와 겨울 철새, 나그네새와 떠돌이새로 나뉘며, 미조도 있다.

여름 철새: 봄부터 여름에 필리핀 등 동남아시아에서 날아와 가을에 다시 동남

아시아로 날아간다. 꾀꼬리, 소쩍새, 제비, 물총새, 황로 등이 있다.

겨울 철새: 가을에 북반구의 번식지에서 찾아와 월동하고 봄에 다시 돌아가는 새다. 큰고니, 노랑부리저어새, 큰기러기, 오리류 등이 있다.

나그네새: 이동 중에 통과하는 새로 붉은배지빠귀 등이 있다.

떠돌이새: 한 지역에서 번식지와 월동지를 달리하는 새로 굴뚝새, 휘파람새 등이 있다.

미조: 평상시에 서식과 도래는 하지 않지만 폭풍우 또는 그 밖의 우연한 기회에 나타나는 새로 은가슴울새 등이 있다.

1971년 이란의 람사르에서 채택되어 1975년에 발효된 람사르 협약의 정식 명칭은 '물새 서식지로서 특히 국제적으로 중요한 습지에 관한 협약'이다. 국경을 초월해 이동하는 물새를 국제자원으로 규정하여 가입국의 습지를 보전하는 정책을 이행할 것을 의무화하고 있으며, 습지란 바닷물 또는 민물의 간조 시 수심이 6m를 초과하지 않는 늪과 못 등의 소택지와 갯벌로 정의하고 있다. 158개국이 가입하였고, 우리나라도 101번째로 가입하였다.

우리나라는 예로부터 늪(습지) 또는 물에 젖어 있는 땅을 쓸모가 없는 곳이라 여겼다. 그래서 공장과 농경지로 만들기 위해 매립하기도 하고, 도시화가 진행되면서 나오는 각종 쓰레기를 매립하곤 했다. 우포늪도 예외는 아니어서 한때 제방을 쌓아 논으로 만들기도 했다. 이후 시민단체와 정부의 공동노력으로 지역주민을 설득한 노력 끝에 1997년 7월 우포늪 자연생태계보전지역으로 지정이 되었고, 이듬해 3월에는 람사르 협약에 등록해 람사르 습지가 되었다.

철새 탐조 및 생태원

서울숲습지생태원 (서울 성동구 성수동1가)

밤섬 (서울 영등포구 여의도동 마포대교 하류)

물향기수목원습지생태원 (경기도 오산시 금암동)

화성시우리꽃식물원우리꽃생태원 (경기도 화성시 팔탄면 매곡리)

철원 천통리 철새도래지 (강원도 철원군 철원읍 내포리)

송지호 철새관망타워 (강원 고성군 죽왕면 오호리 송지호)

영랑호 (강원 속초시 영랑동)

천수만 철새도래지 (충남 서산시)

대호방조제 (충남 당진군 석문면 교로리와 서산시 삼길포리 사이)

국립생태원(충남 서천군 마서면)

한밭수목원생태원(대전광역시 서구 만년동)

금강하구 철새도래지 (전북 군산시와 충남 서천군 사이)

동진강 하구 철새도래지 (전북 김제시 동진강 하구)

낙돌산 평사리 고니도래지 (전남 여수시 돌산읍 평사리)

순천만 자연 생태공원 (전남 순천시 대대동)

고흥 내발리 백로 및 왜가리도래지 (전남 고흥군 도화면 내발리)

고천암 철새도래지 (전남 해남군 해남읍)

진도 백조도래지 (전남 진도군 진도읍 수류리)

다산면 철새도래지 (경북 고령군 다산면 상곡리)

주남저수지 (경남 창원시 의창구 동읍 대산면)

동강하류 철새도래지 (부산 일원)

을숙도 (부산 사하구 하단동)

하도리 철새도래지 (제주 제주시 구좌읍 하도리)

탐조여행을 떠날 때에는 체험 당일에 철새를 볼 수 있는지 없는지를 확인하여야 한다. 오래전에는 도래지였지만 지금은 환경이 바뀌어 서식하지 않은 경우도 있고, 계절이 달라 새를 볼 수 없을 때도 있으니 반드시 확인하고 가자.

주남저수지

천수만

하도리

체험활동을 100배 즐기는 특별한 방법

1. 이번 체험활동은 무엇을 준비할까?

다른 여행도 그렇지만 탐조여행은 복장부터 신경 쓸 것이 많다. 우선 새들은 경계심이 강하기 때문에 빨간색과 같은 짙은 색과 원색적인 옷은 피하는 것이 좋다. 대신 카키나 황색 같은 자연색이나 남색이나 검정 같은 어두운 색을 입으면 된다. 그리고 도래지 주변은 대부분 햇빛을 피하거나 추위를 막아줄 공간이 따로 마련되어 있지 않기 때문에 추위나 더위에 대한 준비는 철저하게 해야 한다. 후각이 예민한 새도 있으므로 짙은 화장이나 강한 향수 그리고 흡연 등은 삼가는 것이 좋다.

새를 재미있게 관찰하기 위해서는 조류도감과 망원경을 준비하는 것이 좋다. 관망대가 있는 경우 망원경이 딱히 필요 없을 수도 있지만, 어디에서나 마음껏 보고 싶다면 하나 정도는 준비하도록 하자. 서천의 경우 고배율 쌍안경이 탐조 전원에게 제공되기도 한다.

새들은 주변 환경에 민감하므로 철새를 관찰할 때에는 큰 소리로 떠들거나, 돌을 던지거나, 여러 명이 몰려다니는 행위를 삼가는 것이 좋다. 생태관이나 체험관 등이 있는 곳에서는 해설사가 활동하고 있으므로 시간을 미리 확인하고 가도록 하자. 하지만 미리 조사하고 떠난다면 가족끼리 이야기를 나누며 둘러보는 것도 좋다.

2. 체험활동을 알짜배기로 만드는 방법

(1) 이야기 나누기

- 우아한 백조의 발짓

물 위에 떠 있는 백조의 모습은 매우 아름답다. 하지만 백조는 그렇게 떠 있기 위해 물 밑에서 두 발을 발버둥 치듯 땀나도록 열심히 젓는다. 그래서 백조의 발짓은 이중성을 말할 때 많이 쓴다. 하지만 노력하지 않으면 아무것도 이룰 수 없다는 점에서 백조의 발짓을 이중성으로만 보지 말아야 한다는 것도 이야기 나눠 보자.

- 새가 사는 늪, 만, 호, 저수지 어떻게 다를까?

늪: 땅바닥이 우묵하게 뭉떵 빠지고 늘 물이 괴어 있는 곳. 진흙 바닥이고 침수 식물이 많이 자란다.

만: 바다가 육지 속으로 파고들어 와 있는 곳.

호: 땅이 우묵하게 들어가 물이 괴어 있는 곳. 못이나 늪보다 훨씬 넓고 깊다.(호수)

저수지: 물을 모아 두기 위하여 하천이나 골짜기를 막아 만든 큰 못. 관개, 상수도, 수력 발전, 홍수 조절 등에 쓴다.

- 도래지 주변의 식물 관찰하기

왕버들, 물옥잠, 마름, 가시연, 억새 등을 볼 수 있다.

– 습지의 존재 가치

습지는 홍수 때 토사와 습지식물이 물을 저장하는 기능이 있기 때문에 하류로 흘러가는 속도를 늦추는데 큰 역할을 하여 홍수조절에 절대적 기능을 발휘한다. 습지는 물의 이동을 늦추는 한편, 자양분과 퇴적물을 보유하고 있어, 물속에서의 미생물 활동과 습지식물의 성장을 왕성하게 한다. 이 영양분으로 수서곤충이나 어패류의 먹이를 제공하고 다시 수서곤충과 어류는 물새나 양서·파충류, 소형 포유동물의 먹이가 된다. 이 외에도 습지는 자연 그대로의 아름다움으로 관광자원이 되고, 생태계와 자연을 공부하는 환경교육장이 된다.

(2) 직업 찾기

밤낮을 가리지 않고 산과 들을 돌아다니며 자연의 생태를 연구하는 사람들. 생태학은 동식물의 상호관계와 이들 삶의 토대가 되는 태양과 무기질 등을 연구하는 학문이다. 생태학자는 관찰을 통해 가설을 세우고, 여러 가지 방법을 통해 이론을 세우는 일을 하며, 그것을 바탕으로 생태계를 보존하기 위해 노력하는 사람이다. 생태학자가 되려면 우선 생물과 환경을 한데 엮어 생각하는 '종합적 사고 능력'이 필요하다. 또한 생명에 대한 감수성도 필요하다.

생태학자가 되려면 생물학과를 지원하는 게 유리하다. 이 외에도 수의학과나 산림자원학과, 동물자원학과, 환경공학과, 조경학과 등도 생태학으로 가는 길이 될 수 있다. 생태학은 현재 각광받는 직업군은 아니다. 하지만 인간과 자연을 하나로 엮어 사고하면서 미래 유망직종으로 분류되기도 한다. 그러나 다른 유망직종이 그러하듯이 필요 인력이 많지 않다는 점에서 자신의 분야로 선택할 경우 신중하게 선택해야 할 것이다.

(3) 자료 정리

이번 보고서는 사진을 활용하여 쓰는 탐조 보고서이다. 체험하는 모습을 비롯하여 늪의 전경 등의 다양한 사진을 찍어두면 된다. 그리고 이야기가 있는 보고서를 쓰기 위해서는 자신이 조사한 내용과 그곳에서 나누었던 이야기들도 기록해 두면 좋다.

3. 1석 2조의 체험 플러스

철새 탐사는 여름과 겨울 두 계절을 모두 즐겨보자. 여름에 우포늪을 찾았다면 겨울에는 금강하구를 찾아가 두 계절의 자연도 비교하고, 눈에 보이는 새들도 비교해 보자.

창체 보고서 꼼꼼 가이드

사진을 활용한 탐조 보고서

준비물: 보고서 양식, 필기도구, 잡지, 사진 등

① 자신이 하고픈 이야기가 담긴 사진을 찾아 시간의 순서대로 나열한다.

② 사진에 맞는 글을 써 넣으면 간단하게 완성된다.

※ 사진이 있으면 당시의 기억이 생생하게 떠올라 글쓰기가 훨씬 쉬워진다는 점 잊지 말자.

에듀포인터 선생님의 진로 TIP

생태전문가가 되고 싶어요...

생태전문가는 생태를 연구하는 일 외에도 생태를 번역하는 일을 합니다. 바로 생태에 대한 지식과 정보, 그리고 자연의 섭리를 해석하여 더 많은 이들에게 전달하는 생태번역가입니다. 생태번역가는 사람들이 계절에 따른 변화를 느낄 수 있도록 언어로 표현해 보여주는 일을 합니다. 눈앞에서 펼쳐진 자연의 삶과 꼭 맞는 시를 통해 자연의 이야기를 전달하기도 하고, 사람들과 함께 노래 부르며 자연을 즐겁게 느낄 수 있도록 돕는 일을 합니다.

호기심 많고 탐구심이 강한 친구라면 도전해 볼만 합니다. 임산공학과 목재응용과학전공, 산림학전공, 원예학과, 관상원예 조경학부, 산림과학과, 원예과학전공 등이 있습니다.

친구의 창체 보고서

지명의 유래를 조사해 보자. 우리말로 어떤 뜻을
가졌는지 알면 그곳을 더 잘 이해하게 된다.

일 시	년 월 일 요일
주 제	철새 탐조여행
장 소	우포늪
함께한 이	아빠, 엄마, 언니, 동생, 나
준 비 물	붉지 않은 색의 옷, 모자, 우산, 마실 물, 운동화 등
조사한 것	우포늪은 소가 늪에 머리를 대고 물을 마시는 것처럼 보이는 우항산의 소목에 해당하는 부분으로, 소를 풀어 풀을 뜯게해서 '소벌'이라 이름 붙여진 우포와 '나무벌'인 목포, '모래벌'인 사지포, 옛이름 그대로 가장 작은 쪽지벌로 이루어져 있다. 우포늪에서는 노랑부리저어, 흰뺨검둥오리, 장다리물떼새, 쇠오리 등을 볼 수 있다.
체험 내용 * 느낀 점	우포늪을 가기 전에 입구에 있는 우포늪 생태관을 먼저 들렀다. 생태관에서 우포늪을 찾아오는 다양한 철새와 동식물을 만났다. 뙤약볕이 뜨거워 우산을 양산처럼 들고 다녔는데, 우포늪이 엄청 넓어서 덥고 다리 아파서 좀 힘들었다. 붉은 옷은 피하라고 했는데 언니 옷이 붉은 색이어서 새가 날아 갈까봐 조심했다. 새를 볼 수 있는 전망대는 시원하고 좋았다. 그리고 동전을 넣어서 보는 망원경은 멀리까지 아주 잘 보였다.
가정 학습	집에 와서 우포늪 생태계 카드를 만들었다. 우포늪에서 봤던 왜가리를 비롯하여 개구리밥과 가시연에 대한 소개도 넣었다.
붙임 자료	팸플릿, 사진 등
평 가	스스로 평가 부모님 평가 선생님 확인

사진을 활용하여 보고서를 쓰면 글쓰기가 쉬워진다.
가끔씩은 카메라를 아이들 손에 맡겨 보자. 그리고 얼굴이 나오지 않아도 좋다.
아이의 이야기를 담을 수 있도록 기회를 주자.

언제나
좋아요!

물 부족 국가를 구하는 수자원 산업 디자이너

우리나라는 유엔이 정한 물 부족 국가 중의 하나다. 모든 생명의 근원이며, 산업의 기본이 되는 소중한 자원인 물. 자연의 소중함과 함께 물의 소중함을 알기 위해 팔당전망대로 떠나 보자.

▸▸ 병을 앓고 있는 지구

　많은 나라들이 모여살고 있는 지구가 자연 파괴로 몸살을 앓고 있다. 지구의 온도가 오르면서 남극과 북극의 얼음이 녹고, 투발루와 같이 물에 잠겨 사라지는 나라가 생겼으며, 이탈리아의 베네치아와 같이 물의 영향을 받는 곳도 하나둘씩 늘어가고 있다.

지구는 우리에게 바람, 공기, 물, 흙 등 많은 것을 주었다. 하지만 우리가 그것들을 소중히 하지 않아 지구는 서서히 파괴되어 가고 있다. 그중 피부로 와닿는 가장 큰 문제는 '지구온난화'이다. 인간의 편리함을 위해 사용한 에너지가 온실가스, 이산화탄소의 증가를 불러왔다. 이로 인해 지구의 온도가 높아지는 지구온난화현상이 나타났고, 이는 대기 오염과 오존층의 파괴, 그리고 동물 멸종위기와 물 부족, 초원의 사막화, 도시의 열섬현상까지 일으키고 있어 우리의 생활환경을 위협하고 있다.

지구의 온도가 지금의 평균기온보다 6℃ 상승하면 상상을 초월하는 세상으로 변할 수 있다는 것이 과학자들의 공통된 대답이다. 어린이그룹 '지구수비대'가 부른 '지구수비대'라는 노래에 '우리가 살아갈 세상. 예쁜 동생에게 물려줄 세상'이란 구절이 있다. 현재를 사는 어른들도 '후손으로부터 빌려 온 세상 속'에 살고 있다. 우리 친구들이 더 나은 미래를 위해 알아야 할 것과 해야 할 노력을 체험을 통해 느끼게 하자.

▶▶ 팔당전망대

팔당호는 예로부터 강원도 태백에서 발원한 남한강과 강원도 회양군에서 발원한 북한강이 모이는 두물머리(양수리)를 지나 한강에 이르는 긴 호수이다. 팔당은 큰 나루터로, 물류교역의 중심이었으며, 항상 많은 사람들이 다니고 물건이 풍족한 지역이었다.

주변에 수생식물원인 세미원과 조선시대 온실 등 선조들이 자연환경을 지혜롭게 활용했던 모습을 재현해 놓은 석창원이 있다.

수질 체험

상수도 역사의 과거, 현재, 미래와 물의 흐름을 한눈에 볼 수 있는 곳

▷ 서울 수도박물관 (서울 성동구 왕십리로 25 / http://arisumuseum.seoul.
  go.kr)

▷ 광주 물환경전시관 (경기도 광주시 남종면 분원리 / www.gg.go.kr/paldang_
  observatory)

▷ 태백 수질환경사업소 자연학습장 (강원 태백시 동점동)

▷ 화순 물사랑배움터 (전남 화순군 남면 용리 257-1 / http://blog.naver.com/
  juamho20wat)

에너지 체험

지구온난화 등 환경문제와 에너지 절약 및 신재생에너지 교육과 홍보 위해 만든 시설.

▷ 행복한 아이 (서울 금천구 남부순환로1418 / www.hikonepa.or.kr)

▷ 남양주 신재생에너지홍보관 (경기도 남양주 수석동)

▷ 용인 에너지절약홍보관 (경기도 용인시 수지구 풍덕천동)

▷ 구리 신재생에너지홍보관 (경기도 구리시 토평동)

▷ 영덕 신재생에너지전시관 (경북 영덕군 영덕읍)

▷ 울진 원자력홍보관 (경북 울진군 북면 부구리)

▷ 월성 원자력홍보관 (경북 경주시 양남면 나아리)

▷ 창원 에너지환경과학공원 (경남 창원시 진해구 덕산동)

▷ 영광 원자력홍보관 (전남 영광군 홍농읍 성산리)

▷ 무안 신재생에너지홍보관 (전남 무안군 삼향읍 / www.jnrec.kr)

▷ 제주 신재생에너지홍보관 (제주 제주시 구좌읍 행원리)

생태 체험

▷ 서울 생태정보시스템 (https://parks.seoul.go.kr/parks/sub/ecoinfo/s01/s01_01.jsp)

▷ 양평 한강생태학습장 (경기 양평군 강하면 운심리 165)

▷ 양평 양수리환경생태공원 (경기도 양평군 양서면 양수리 516번지)

그 외 체험

▷ 인천 환경미래관 (인천시 남동구 미네미로 236 / grandpark.incheon.go.kr)

▷ 양평 환경재생조형박물관 (경기도 양평군 강상면)

▷ 성남 캐니빌리지 (경기도 분당구 석운동 / www.can.or.kr)

▷ 삼척 두타체험환경학습장 (강원도 삼척시 미로면 내미로리)

▷ 춘천 남이섬환경학교 (강원도 춘천시 남산면 / www.ecoschool.or.kr)ㅈ

체험활동을 100배 즐기는 특별한 방법

1. 이번 체험활동은 무엇을 준비할까?

특별한 준비물은 필요하지 않지만 캐니빌리지의 경우 빈 캔을 일정량 가져가면 연필이나 저금통으로 바꿔주기도 하니 미리 조사해 보자. 또 일일 인원 제한과 사전 접수 등을 미리 체크하여 허탕 치는 일이 없도록 하자.

2. 체험활동을 알짜배기로 만드는 방법

(1) 이야기 나누기

– 환경이란?

우리 주변을 둘러싸고 있는 모든 것을 말한다. 자연환경은 인간과 동식물에게 햇빛과 물, 공기, 식량 등을 제공한다. 사람도 환경의 일부이고, 환경과 밀접한 관계를 맺으며 생활하고 있다.

– 우리가 쓰는 물은 어디서 올까?

지구의 약 70%가 물이다. 물은 끊임없이 순환하여 넓은 바다, 호수, 강, 습지 등에서 나온 수증기가 하늘로 올라가 비나 눈이 되어 다시 우리에게 온다.

- 물을 왜 아껴 써야 하지?

인체의 70%가 물이다. 물은 사람의 생명을 유지하는 데 없어서는 안 되는 것이지만, 소중함이나 부족함을 느끼지 못하고 생활한다. 하지만 물이 없다면 밥도 지을 수 없고, 음료수도 만들 수 없다. 그래서 미래의 물 부족에 대비하고 수질오염을 막아 깨끗한 하천을 만들어야 하는 것이다.

- 지구온난화, 엘니뇨 현상, 라니냐 현상은 뭘까?

지구온난화: 지구 대기 안의 온도가 상승하는 현상

엘니뇨 현상: 남아메리카대륙의 따뜻한 해류가 유럽대륙과 충돌하여 세계에 홍수, 가뭄, 폭설 등을 몰고 오는 기상이변현상. 해수 온도가 높아져 초래되는 현상.

라니냐 현상: 태평양 지역 해류의 수온이 낮아지는 현상.

- 녹색 성장이란 뭐지?

지구를 푸르게 가꾸어야 한다는 주장에서 나온 개념이다. 이와 관련한 미래 유망직업으로 신재생에너지 전문가, 조경기술자, 유비쿼터스 기획자 등을 꼽는다.

(2) 직업 찾기

물과 관련해서는 생소한 직업들이 많다. 우선 동네에서 쉽게 볼 수 있는 하천의 생명을 책임지는 하천생태복원 전문가. 이 전문가는 하천의 생태를 파괴하거나 오염시키는 요인을 찾아 해결하는 일을 한다. 수자원 산업 디자이너는 수자원을 설계하고 계획하는 일을 한다. 기후변화로 인해 극한 홍수나 가뭄에 대비해 우리가 어떻게 대처해야 하는지를 고민하고, 해결할 수 있도록 댐이나 지하수 개발 등의 설계를 디자인 하는 일을 맡은 전문가이다.

(3) 자료 정리

이번 보고서는 세계지도에 환경문제를 표시하는 것이다. 전시관에서 물 부족 국가에 대한 정보나 세계의 환경문제에 대한 자료를 읽거나 챙겨 오자. 책이나 인터넷을 통해 찾는 것도 좋지만 체험관에서 본 생생한 자료는 기록을 풍성하게 하니, 자료만 챙기지 말고 이야기를 듣고 나누는 활동도 함께하자.

3. 1석 2조의 체험 플러스

체험지에 따라 특히 물이 있는 곳의 경우 음식물 반입을 금지 하기도 한다. 이는 깨끗한 수질을 유지하기 위한 방법 중 하나다. 이렇게 환경체험을 마쳤다면 우리 주변에서 금지된 것들을 찾아보자. 예를 들어, 산에서 취사금지, 계곡에서 빨래금지, 거리에서 흡연금지 등. 그리고 이러한 금지가 필요한 이유도 함께 생각해 보자.

창체 보고서 꼼꼼 가이드

세계지도에 표시하는 환경보고서

준비물: 지구의 환경 이야기 담은 책, 포스트잇, 필기도구, 색연필

　세계의 환경이야기를 세계지도 한 장에 담아보자. 자신이 체험하며 알게 된 세계의 환경문제나 책을 통해 알게 된 지구촌 환경문제를 포스트잇에 기록하여 해당 국가 주변에 붙이자. 월드컵이나 올림픽 등의 체험에서도 세계지도를 활용하면 좋다.

에듀포인터 선생님의 진로 **TIP**

수질환경기술자가 되고 싶어요.

　'녹조라떼'라는 말이 있습니다. 이는 여름철만 찾아오면 발생하는 상수원 오염 실태를 비꼬는 말입니다. 상수원 수질을 감시하고 오염물질을 제거하며, 현장조사를 통하여 오염물 투기 등을 단속하는 업무는 깨끗한 상수원 관리에 꼭 필요한 업무입니다. 수질환경기술자는 대학에서 환경공학, 토목공학, 생물, 화학 등을 전공하여, 환경 관련 시공업체, 용역업체, 환경영향평가업체, 연구소 등에 취업할 수 있어요. 환경관련 공무원은 공무원 임용절차에 따라 채용됩니다. 관련 직업으로는 환경공학기술자, 대기환경기술자, 폐기물처리기술자, 환경영향평가원, 토양환경공학기술자, 환경컨설턴트, 온실가스인증심사원 등이 있습니다. 대부분 수질환경기사, 수질환경산업기사, 수질관리기술사 등 관련 자격을 취득하고 입사하며 경력이 쌓이면 기술사를 취득하거나 관련업체를 창업하기도 합니다. 지구온난화 등으로 환경규제가 강화되고 환경의식이 높아져 앞으로 환경산업 분야의 직업은 지속적으로 확대될 예정입니다. 깨끗하고 모두가 살기 좋은 지구를 위해 환경 분야 직업에도 어린이들의 관심이 커졌으면 좋겠습니다.

친구의 창체 보고서

각 나라의 환경이야기를 읽고 메모하여 붙인다.

해당 나라를 지도에서 찾아 색칠한다.

옥신각신 생생 환경이야기 『쓰레기 산에 패랭이 꽃이 피었어요』를 읽고 지도에 나타낸 세계의 환경문제
정유경

지도에 제목을 쓰고 읽은 책 이름을 쓴다.
자신의 경험과 생각을 메모지에 써서 붙이면 보고서 완성.

우리 생활 곳곳에서 소통을 말하는
미디어 전문가

우리에게 가장 큰 영향력을 미치는 텔레비전, 과학의 발달로 손에서 내려 놓을 수 없게 된 스마트폰, 정보와 지식을 전달해 주는 책을 비롯한 다양한 인쇄매체와 영상매체들까지. 우리는 넘쳐나는 미디어 속에서 생활하고 있다. 자, 그럼 미디어를 어떻게 이해하고 수용해야 하는지 미디어 속으로 떠나 보자.

▶▶ 미디어는 소통의 도구

마샬 맥루언은 '미디어는 메시지다.'라고 정의했다. 조금 더 쉽게 풀이하자면 미디어는 어떤 작용을 한쪽에서 다른 쪽으로 전달하는 역할을 하는 매체 즉 도구를 말한다. 흔히 미디어라고 하면 텔레비전이나 신문을 꼽는데, 이렇게 눈에 보이는 매체 외에도 언어와 비언어도 미디어에 속한다.

초창기 미디어로 우편, 신문, 책, 잡지, 텔레비전 등이었다. 하고 싶은 이야기를 일방적으로 전달하는 미디어라는 특징이 있다. 반면 새로운 미디어의 시대를 연 뉴미디어는 인터넷, 전자우편, 소셜미디어, 이동통신 등으로 쌍방향 소통이 가능하다는 특징이 있다.

미디어는 소통을 하며 다양한 이야기를 전달하는데, 그 기능을 몇 가지로 나눠보면 다음과 같다. 뉴스 등을 통해 경각심을 일깨우고 위험을 최소화하려는 환경감시 기능, 한 사회의 가치나 문화 등을 다음 사회로 전수하는 사회문화유산전수 기능, 사건을 어떻게 볼 것인가를 시사적으로 풀어주는 상관조정기능, 그리고 어려운 뉴스를 쉽고 재미있도록 만들어주는 광고 기능을 한다.

이러한 미디어를 제대로 공부하기 위해서는 어디로 가야할까?

▶▶ 신문박물관

신문박물관은 2000년에 동아일보사가 한국 신문의 역사를 성찰하고 그 교훈을 통해 미래를 내다보고자 동아일보가 개관했다. 신문에는 정치, 경제, 사회, 문화 등 역사가 숨 쉬고 있다. 이러한 역사를 모아 놓은 신문박물관은 신문 제작 등의 체험과 더불어 신문미디어에 대한 이해를 도울 것이다.

세계적으로 신문박물관은 1931년 독일 아헨시에 세워진 국제신문박물관을 비롯하여 미국 워싱턴의 뉴지엄, 일본 요코하마의 일본신문박물관 등이 있다. 언론의 역사를 새긴 상징적인 박물관이다.

인쇄 미디어 체험

신문 미디어를 체험할 수 있는 곳

▷ 동아일보 신문박물관 (서울 종로구 세종대로)

▷ 미디어 기자박물관 (강원 영월군 한반도면 서강로)

▷ 조선일보 뉴지엄 (서울 동작구 현충로)

▷ 부산일보 신문전시관 (부산 동구 수정동)

▷ 그 외 중앙일보, 매일신문, 한국경제 등 신문사에서 진행하는 견학 및 체험 (신문
  사로 문의)

방송 미디어 체험

방송 미디어를 체험할 수 있는 곳

▷ 시청자미디어센터 (서울, 인천, 춘천, 대전, 광주, 울산, 부산)

▷ EBS방송국 (경기도 고양시 일산동구)

▷ KBS온 견학홀 (서울 영등포구 여의도동, 춘천, 대전, 대구, 부산, 제주 방송국)

▷ KBS수원센터 (경기도 수원시 팔달구)

▷ MBC콘텐츠월드 (서울 여의도, 서울 상암동, 경기도 일산, 그 외 지방 방송국)

▷ SBS방송국 (서울 영등포구 목동, 그 외 지방 방송국)

그 외 박물관

▷ 한국영화박물관 (서울 마포구 상암동)

▷ 신영영화박물관 (제주도 서귀포시 남원읍)

▷ 세계카메라영화박물관 (광주시 동구 동계로)

▷ 손성목영화박물관 (강원 강릉시 경포로)

▷ 부산영화박물관 (부산 중구 동광동)

▷ 영화박물관 (경기도 파주시 탄현면)

- 애니메이션박물관 (강원도 춘천시 서면)

- 한국만화박물관 (경기도 부천시 길주로)

- 만화박물관 (서울 동대문구 이문로)

- 만화박물관 (경기도 수원시 팔달구 덕영대로)

- 청강만화역사박물관 (경기도 이천시 마장면 창강가창로)

체험활동을 100배 즐기는 특별한 방법

1. 이번 체험활동은 무엇을 준비할까?

미디어가 무엇인지 알고 가면 어떨까? 미디어에 대해 자세히 알고 싶다면 다음과 같은 책을 읽어 보자.

그 밖에 특별한 준비물은 필요하지 않다. 다만 인쇄 미디어 즉 신문의 경우 견학 체험이 담긴 신문을 만들어 주는 곳이 많다. 이때 기사를 직접 작성할 수도 있으며, 이미 작성된 기사에 이름 정도 넣어서 발행되기도 한다. 체험 관련된 누리집에서 관련된 내용을 미리 파악하고 기사 쓰는 요령을 미리 익혀 두는 것도 좋다.

2. 체험활동을 알짜배기로 만드는 방법

(1) 이야기 나누기

－ 인쇄미디어란 무엇인가?

활자를 어딘가에 기록하게 되면서 시작한 인쇄 미디어는 인류 역사에서 대중을 대상으로 하는 최초의 매체이자 가장 오래된 것은 인쇄이다. 인쇄매체를 대표하는 것으로 책, 신문, 잡지 등이 있다. 이러한 매체들은 우리 가까이에서 손쉽게 만날 수 있다.

인쇄미디어의 특징은 전통성과 뛰어난 기록 보존성이라고 할 수 있다. 또한 모든 매체를 막론하고 가장 신뢰도가 높다는 것이다. 인쇄술이 매체로써 큰 역할을 하게 된 것은 15세기 중반 구텐베르크의 금속활자 발명으로 대량 복제가 가능해지면서였다. 그리고 18세기, 신문의 등장으로 더욱 강한 힘을 갖게 되었으며 20세기 라디어와 텔레비전이 전파되기 전까지 독보적인 대중매체의 위상을 차지했다.

- 영상미디어란 무엇인가?

영상미디어란 시각 즉 눈으로 보여주는 영상과 음성을 사용하기 때문에 정보 전달에 효과적이다. 영상미디어를 대표하는 것으로 라디오나 텔레비전 그리고 영화와 뮤지컬 등이 있다. 텔레비전의 경우 우리에게 가장 영향력을 끼치는 매체로 평가되고 있다.

(2) 직업 찾기

미디어에 종사하는 사람은 매우 많다. 우선 신문에 실릴 내용을 취재하는 취재기자와 신문 지면을 편집하는 편집기자가 있다. 그리고 방송국에서는 뉴스보도와 관련하여 비슷한 일을 하는 방송보도기자와 뉴스를 알리는 앵커가 이에 해당한다.

(3) 자료 정리

이번 보고서는 미디어를 직접 제작해 보는 것이다. 자신이 체험한 것을 바탕으로 인쇄 뉴스를 만들어도 좋고, 미리 읽어두었던 도서를 통해 영상 미디어를 제작해도 좋다.

3. 1석2조의 체험 플러스

신문 박물관 주변에는 많은 신문사들이 위치하고 있다. 뿐만 아니라 한 방송사 주변에는 타방송사가 있는 경우도 많다. 그러므로 다양한 체험을 비교하며 즐겨보는 것도 좋다.

창체 보고서 꼼꼼 가이드

세계지도에 표시하는 환경보고서

준비물: 지구의 환경 이야기 담은 책, 포스트 잇, 필기도구, 색연필

세계의 환경이야기를 세계지도 한 장에 담아보자. 자신이 체험하며 알게 된 세계의 환경 문제나 책을 통해 알게 된 지구촌 환경 문제를 포스트잇에 기록하여 해당 국가 주변에 붙이자. 월드컵이나 올림픽 등의 체험에서도 세계지도를 활용하면 좋다.

에듀포인터 선생님의 진로 **TIP**

소셜 미디어 매니저 할래요.

소셜 미디어란 개방과 참여 그리고 공유의 가치로 요약되며, 소셜 네트워크 기반 위에 타인과 소통하는 플랫폼을 말합니다. 예로 트위터, 페이스북 등이 있는데, 흔히 소셜 네트워킹 서비스(social networking service)를 줄여서 SNS라고 부르기도 합니다. 우리는 각각의 소셜 미디어를 통해 자신의 생각이나 의견 또는 경험 등을 뉴스로 생산합니다. 그리고 소셜 미디어를 통해 관계 맺은 사람들에게 뉴스를 공유하게 됩니다. 소셜미디어매니저는 소셜미디어를 활용하여 기업 및 공공기관의 가치와 브랜드 또는 그들의 상품을 홍보하고 관리하는 직업을 말합니다. 소셜 미디어매니저가 되기 위해서는 인터넷 환경을 갖추고 컴퓨터 활용 능력이 뛰어나면 좋습니다. 그러므로 미디어 관련하여 전공하면 유리합니다. 또한 파워블로거의 체험리뷰나 특정 카페 등에서 이뤄지는 이벤트, 배너 광고 등으로 다양한 활동을 한 경험이 있으면 유리합니다. 소셜미디어매니저는 혼자서 조용히 일 할 수 있고, 재택근무가 가능하다는 장점이 있습니다. 4차 산업혁명 시대에는 더욱 다양한 미디어가 독특한 방법으로 활용될 전망이라고 합니다. 그러므로 현재의 미디어부터 올바르고 정의롭게 활용하는 능력을 갖추었으면 좋겠습니다.

살아있는 미디어로 '비교하며 쓰는 보고서'

같은 주제에 대한 체험을 동시에 하면 좋겠지만 그렇지
못한 경우 이전 체험에 대한 기록을 보고 비교해도 좋다.

일 시	년 월 일 요일		
주 제	인쇄미디어와 영상미디어의 비교		
일 정	5.05(신문박물관)/8.15(텔레비전 방송국)		
함께한 이	아빠, 엄마, 나, 동생		
준 비 물	필기도구, 카메라 등		
조사한 것	'미디어는 왜 중요할까'를 읽었다. 내가 늘 사용하는 것이지만 잘 모르고 있었던 부분들이 많았기 때문이다. 견학을 하기 전 책을 읽고 두 가지 미디어에 대해 공부하였다.		
체험 내용 * 느낀 점	**신문박물관** 윤전기라고 부르는 커다란 기계가 돌아가고 있었다. '기자'라고 부르는 분들이 많이 계셨다. 신문의 역사를 비롯하여, 만들어지는 과정을 자세하게 알 수 있었다. 견학 기념으로 나의 얼굴이 들어간 신문을 제작해 주셨다. 신문에 내 얼굴이 나오니 중요한 인물이 된 것 같았다.	**텔레비전 방송국** 텔레비전과 카메라가 매우 많았다. 기자 외에도 PD, 작가 등 다양한 분들이 계셨다. 조정실, 뉴스룸, 드라마제작실, 의상실, 편집실 등 각기 다른 컨셉의 다양한 방들이 있었다. 견학 기념으로 뉴스데스크에 앉아서 사진을 찍어왔다. 실제 방송뉴스처럼 동영상을 찍었더라면 하는 아쉬움이 있었다.	
가정 학습	신문 뉴스와 방송 뉴스의 내용을 비교해 보았다. 신문 뉴스는 '했다'로 끝나는 반면, 방송 뉴스는 '했습니다'로 끝났다. 엄마와 함께 우리 주변의 이야기를 취재하여 신문 뉴스와 방송 뉴스로 작성해 보았다.		
붙임 자료	다음 페이지에 팸플릿이나 사진 등을 삽입해도 좋다.		
평 가	스스로 평가	부모님 평가	선생님 확인

비교를 하는 기준은 정해져 있지 않다. 다만 기록을 할 때에는 체험에 대한
사실 외에도 자신의 경험과 생각을 담아 쓰는 것이 좋다.

3

이공 계열 직업
&
진로

10월이
좋아요!

내 이름의 별자리를 찾는
천문학자가 되어 보자

도시에서 벗어나 자연을 주는 활력소를 넘치게 받고 싶다면, 까만 하늘에서 신비롭게 반짝이는 별의 기운을 받고 싶다면 천문대로 떠나 보자.

소행성 B612호에서 온 어린왕자의 별 이야기, 일본 열도를 후끈 달군 〈겨울연가〉의 폴라리스, 그리고 라디오와 코미디까지 여기저기서 '별' 이야기다.

별이란 무엇일까? 별은 스스로 빛을 내는 천체를 말한다. 이런 별이 얼마나 될까? 아주 오래전 그리스의 천문학자 프톨레마이오스는 별 망원경 없이 맨눈으로 6,000개의 별을 세어 정리했었다. '별처럼 수없이 많다'는 말처럼 별은 지금 이 순간에도 수소 기체와 먼지 덩어리가 중력에 의해 모이면서 새롭게 태어나고, 또 수명을 다해 사라진다. 사람들은 별을 바라보면서 소원을 빌면 이루어진다고 믿기도 한다.

이런 별 하나하나를 연결하고, 이름을 붙인 사람은 누구일까? 현재 우리가 알고 있는 황도 12궁을 포함한 별자리(성좌)는, 각 나라나 지역마다 다르게 사용하던 것을 국제천문연맹이 정리하고 공인한 88개가 쓰이고 있다. 이 중 우리나라에서 볼 수 있는 별자리는 큰 곰 자리를 비롯하여 67개이다.

밤하늘의 별자리에 처음 관심을 가진 사람은 바빌로니아 지역의 유목민들이었다. 하늘에 떠 있는 별을 연결하여 동물에 비유하면서부터 별자리가 만들어졌다. 별자리의 이름은 이집트에서 시작되었고, 그리스 신화 속의 신과 영웅, 동물의 이름이 붙여졌다.

우리나라에서도 별에 관한 이야기가 있다. 견우와 직녀를 만날 수 없도록 갈라놓은 강이 바로 은하수(용의 옛말인 미르+내 천川= 미리내)다. 은하수는 갈릴레오 갈릴레이가 최초로 망원경으로 관측하여 수많은 별의 집단이라는 것을 알아냈다.

별+마루(정상)+로(고요함)의 합성어로 '별을 보는 고요한 정상'이라는 뜻이다. 천문대 최상의 관측 조건인 해발 799.8m에 자리하고 있으며, 지름 80cm 주망원경과 여러 대의 보조망원경이 설치되어 있어 달이나 행성, 별을 잘 관측할 수 있다. 또 가상의 별을 투영하여 언제나 밤하늘을 감상할 수 있는 천체투영실과 우주에 대한 이해를 도와줄 시청각실 그리고 보조관측실과 주관측실이 있다. 산 정상에서 내려다보는 영월읍내 야경도 천체관측만큼 멋진 체험이다.

천문대

서울시민천문대 (서울 노원구 중계동 / www.seoulstar.or.kr)

국립 과천 과학관 (경기 과천시 상하벌로 / www.sciencecenter.go.kr)

별마로천문대 (강원도 영월군 봉래산 / www.yao.or.kr)

천문인마을 (강원도 횡성군 강림면 월현리 / http://www.astrovil.co.kr)

우리별천문대 (강원도 횡성군 공근면 상창봉리 / www.ourstar.net)

누리천문대 (경기도 군포시 갈티마을 / www.gunpolib.or.kr/nuri)

자연과 별 (경기도 가평군 북면 / www.naturestar.co.kr)

양평국제천문대 (경기도 양평군 옥천면)

중미산천문대 (경기도 양평군 옥천면 / www.astrocafe.co.kr)

송암천문대 (경기도 양주시 장흥면 권율로 / www.starsvalley.com/star)

대전시민천문대 (대전 유성구 과학로 / http://star.metro.daejeon.kr)

소백산천문대 (충북 단양군 단양읍 / soao.kasi.re.kr)

충주고구려천문과학관 (충북 충주시 가금면 묘곡내동길 / gogostar.kr)

칠갑산천문대 (충남 청양군 정산면 마치리 / star.cheongyang.go.kr)

보현산천문대 (경북 영천시 화북면 / boao.kasi.re.kr)

예천천문우주센터 (경북 예천군 감천면 덕을리 / www.portsky.net)

김해천문대 (경남 김해시 어방동 / www.ghast.or.kr)

남원항공우주천문대 (전북 남원시 양림길 / spica.namwon.go.kr)

부남천문대 (전북 무주군 부남면 대소리)

곡성섬진강천문대 (전남 구례군 구례읍 / star.gokseong.go.kr)

장흥 정남진 천문과학관 (전남 장흥군 장흥읍 / www.jhstar.kr)

빛고을천문대 (전남 광주광역시 서구 백일길 / fmayouth.or.kr)

순천만천문대 (전남 순천시 장명로 / www.suncheonbay.go.kr)

서귀포천문과학문화관(제주도 서귀포시 하원동/astronomy.seogwipo.go.kr)

체험활동을 100배 즐기는 특별한 방법

1. 이번 체험활동은 무엇을 준비할까?

별을 관측하기 가장 좋은 곳은 어디일까? 일단 네온사인이 반짝이는 도시에서는 별을 관측하기 힘들다. 그래서 공기 맑고 깨끗한 곳을 찾아가야 한다.

그럼 언제 별을 관측해야 가장 좋을까? 별을 관측하기 가장 적당한 시기는 10월이다. 봄과 여름은 낮이 길고 비가 잦아 달과 별을 관측하기 어렵다. 또 달이 가득 차게 뜨는 음력 보름에는 훤한 달 때문에 별을 관측하기 힘들다. 천고마비의 계절인 가을은 대기 중 수증기량이 적고 하늘도 대체로 맑으며, 날씨도 너무 춥지 않아 별을 관측하기 적합하다.

천문대에 따라 별을 관측하는 시간이 각각 다르다. 예약할 때 체험 가능한 시간을 꼭 확인하고, 그에 맞는 옷을 준비하자.

2. 체험활동을 알짜배기로 만드는 방법

(1) 이야기 나누기

– 태양에 까만 점이 있어요.

지구보다 백만 배가 넘는 크기의 태양은 지구 생명의 아니 우주 생명의 근원이다. 태양은 항상 이글이글 타오르며 태양 폭풍을 일으킨다. 이 폭풍은 흑점 주변에서 일어나며, 흑점은 주변의 밝기 때문에 어두워 보일 뿐, 실제로는 보름달보다 10배나 밝다.

– 낮에 달이 보이는 이유는?

우리는 해가 뜨면 달이 지고, 달이 뜨면 해가 진다고 생각한다. 이 현상은 달이 가장 둥근 보름에 나타나는 현상이다. 그럼 그 밖에는 언제 뜨고 언제 사라지는 것일까? 보름이 지나면 달이 뜨는 시각은 매일 50분가량 늦어진다. 그러므로 달이 가장 작은 그믐달은 태양과 함께 떠서 태양과 함께 지고, 달이 커지는 상현달은 정오에 떠서 자정에 지며, 반대로 달이 작아지는 하현달은 자정쯤에 떠서 정오에 진다. 그래서 종종 파란 하늘에서 달을 발견할 수 있다. 하지만 정오에 뜬 달은 보기 쉽지 않다. 이유는 강한 태양빛에 가려지기 때문이다.

– 초승달이 아주 크게 보여요.

달은 지구에서 가장 가까운 거리에 있기 때문에 크게 보인다. 잘 보일 때는 망원경 렌즈에 카메라를 대고 촬영도 할 수 있다. 날이 좋은 때는 지구에서 가까운 금성과 화성까지 볼 수 있다.

–그런데 왜 달이 반밖에 안 보여요?

달과 태양의 위치 때문입니다. 태양이 비치는 부분은 잘 보이지만 반대쪽은 어둡게 그늘이 지기 때문에 보이지 않는 것이다.

(2) 직업 찾기

천문 및 기상학연구원은 천체와 지구 대기의 물리적 특성 및 그것에 미치는 요인을 관찰하고, 해석하며, 연구결과를 바탕으로 기초과학, 항해, 기상예보 등 실제적인 문제에 적용하는 사람을 말한다. 크게 천문학연구원과 기상학연구원으로 대별된다. 정부기관, 정부출연연구소, 기업부설연구소, 관련제품 제조업체 등 다양한 분야에서 연구원으로 근무하거나, 대학 교수로서 교육과 연구를 병행하기도 한다.

(3) 자료 정리

이번 보고서는 '태양계 이야기를 담은 책 만들기'이다. 천문대에서 들려주는 별자리 이야기를 자세히 기억하고 메모해 두어야 한다. 물론 인터넷을 통해서도 자료를 조사할 수 있지만 아는 것을 찾는 것과 전혀 알지 못하는 것을 찾는 것은 다르다.

3. 1석 2조의 체험 플러스

영월은 한반도 지형으로 유명한 선암마을과, 소나무가 가득하고 단종의 유적이 있는 청령포, 고씨 일가가 임진왜란 때 피난했었다는 고씨동굴 등 다양한 체험지가 있다.

창체 보고서 꼼꼼 가이드

태양계 이야기를 담은 책 만들기

준비물: 4절 검정색 두꺼운 도화지, 행성 그림, 필기도구, 잡지, 사진 등

4절 도화지를 반으로 잘라 지그재그로 접는다.

앞면에는 태양계 그림을 그려 붙인다.

반대편에는 태양계에 대한 해설을 쓴다.

에듀포인터 선생님의 진로 **TIP**

천문우주과학자가 되고 싶어요.

〈아바타〉는 외계 행성 판도라의 자원을 욕심낸 지구인의 이야기를 담은 영화입니다. 최근 미국항공우주국이 민간 기업과 손잡고 '소행성 채굴사업' 즉, '우주광산' 사업을 실시한다는 뉴스가 보도되었습니다. 천문우주과학은 평소 별의 원리와 성질에 관심이 많은 사람에게 적합하고, 별을 세심하게 관찰할 수 있는 꼼꼼한 성격의 친구들에게 적합합니다. 천문계산을 위해 컴퓨터를 많이 사용하므로 소프트웨어 사용법, 프로그래밍 등의 능력이 필요합니다.

이 분야 관련 직업으로 기상캐스터, 기후변화전문가, 대기환경기술자, 온실가스인증심사원, 자연계열 교수, 천문 및 기상학연구원, 환경공학기술자, 환경컨설턴트 등이 있습니다.

대학의 관련학과로는 대기환경과학 전공, 천문우주학 전공, 천문대기과학과, 대기과학과가 있고, 기상기사, 대기환경기사, 소음진동환경기사, 수질환경기사 등의 자격증이 있습니다.

우리나라는 2013년 발사한 나로호에 이어 2020년 한국형발사체로 달 탐사를 계획하고 있답니다. 항공우주산업 분야에 친구들이 관심 가지면 좋겠네요.

친구의 창체 보고서

태양계 행성에 관한 자료를 수집한다.　　　　　　시간과 체험 내용을 기록한다.

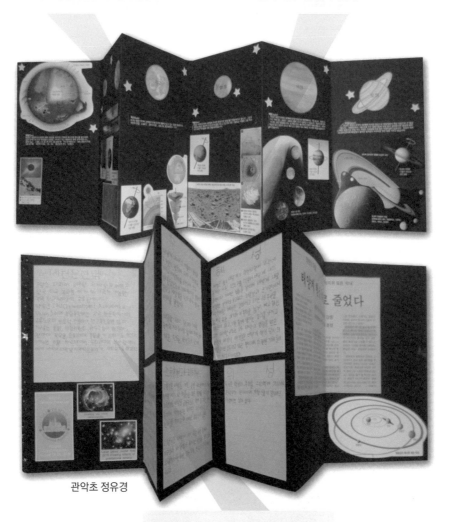

관악초 정유경

자신이 만든 책에 조사한 내용을 붙여 완성한다.

봄이
좋아요!

동물들과 함께 나의 꿈도 키우자

♪ 고무풍선을 움켜쥔 아이와 하품하는 사자들과

우리 안을 맴도는 원숭이♫

TV 속 〈동물의 왕국〉에서나 볼 수 있었던 동물들과 노래 속 동물들의 이
야기가 궁금하다면, 동물원으로 가 보자.

천연기념물은 특색 있는 향토의 자연물로, 본래의 장소에 존재하는 것을 말한다. 학술 및 관상적 가치가 높아 그 보호와 보존을 법률로서 지정한 동물, 식물, 지질, 광물과 그 밖의 천연자연을 말한다. 우리나라에는 크낙새, 두루미, 팔색조, 까막딱따구리, 사향노루, 어름치, 장수하늘소 등의 동물이 천연기념물로 지정되어 있다.

하지만 인간과 환경의 영향으로 많은 생물이 보호 받지 못하고 멸종위기에 놓여 있다. 1996년 IUCN(국제자연보호연합)이 야생 생물을 멸종 위험성의 정도에 따라 등급을 매긴 '레드 데이터 북'에는 멸종종, 야생멸종종, 멸종위기 I류, 별종위기 II류, 준멸종위기류 등 7계급 등으로 분류하고 있다.

바다동물의 경우 '남극환경보호의정서'로 남극 환경보호 규정을 강화했다. 그리고 세계적으로 멸종위기에 처한 야생 동식물의 상업적인 국제 거래를 규제하고 생태계를 보호하기 위해 협약 '사이테스'도 채결되었다. '워싱턴 협약'이라고 불리는 이 협약을 통해 멸종위기에 처한 생물의 거래를 통제하고 있다. 이러한 동물을 거래하고자 할 경우 'CITES(멸종위기에 처한 동, 식물 교역에 관한 국제협약)'에 따라야 한다. CITES는 3단계의 분류등급으로 관리하고 있다. CITES I(국제적으로 멸종위기에 처한 동식물)에 레서판다, 반달가슴곰 등이, CITES II(멸종위기에 처할 우려가 있는 동식물)에 북극곰, 사자 등이 있으며, CITES III(보유 당사국이 보호조치 지정한 동식물)에 붉은여우, 족제비 등이 해당된다.

우리나라는 늑대, 사향노루, 수달, 호랑이, 노랑부리저어새, 흰꼬리수리, 구렁이, 쇠똥구리, 수염풍뎅이, 장수하늘소 등이 멸종위기동물로 지정되었다.

▶▶ 에버랜드 주토피아

동물원은 살아 있는 동물들을 사육, 번식시켜 일반인들이 관람할 수 있도록 하는 자연교육 시설이다. 고대 이집트는 회색기러기를 가축화했고, 그리스 시대에는 동물의 행진이나 비단뱀의 가두 전시 등이 시민의 관심을 끌었다. 가장 먼저 문을 연 근대동물원은 1752년 오스트리아의 빈에 프란츠 1세가 마리아 테레지아 왕비를 위해 설립한 쇤브룬 동물원이다. 우리나라는 창경원 동물원이 동양권에서 네 번째로 문을 열었다.

에버랜드는 1976년 국내 최초의 가족공원인 '용인자연농원'으로 문을 열었다. 세계 각지의 주요도시를 테마로 한 '글로벌페어'를 비롯해, 튤립, 장미 등 계절별로 전시되는 '꽃정원'과 다양한 동물들이 있는 '주토피아'가 있다. 특히 초식동물과 맹수가 공존하는 세계 유일의 복합 사파리인 '사파리월드'가 유명하다.

동물원

인천
남동구 인천대공원 동물원

경기도
고양 테마동물원 쥬쥬
포천 국립수목원산림동물원
일산 동물의 왕국
양평 용문휴게소동물공원

강원도
춘천 육림랜드

서울
광진구 어린이대공원 동물원

경기도
과천 서울대공원 동물원
용인 에버랜드 동물원
화성 센트럴 작은동물원
시흥 용도수목원식물원

충청도
청주 청주동물원

경상북도
청도 비슬리조트동물원

대전
중구 대전 오월드

대구
중구 달성공원 동물원

전라북도
부안 원숭이학교
전주 전주동물원

울산
남구 울산대공원 동물원
중구 키드앤쥬어린이동물원
울산 울산드림주

광주
북구 금호패밀리랜드동물원
북구 우치공원 동물원

부산
진구 부산어린이대공원 동물원
진구 더파크

전라남도
함평 에코파크동물원

경상남도
김해 김해 드림주
진주 진양호공원 동물원
밀양 동물테마관광농원

제주도
제주 동물테마파크

체험활동을 100배 즐기는 특별한 방법

1. 이번 체험활동은 무엇을 준비할까?

동물원 체험을 시작하기 전에 홈페이지나 동물원 입구에 마련된 팸플릿 등을 통해 공연과 이벤트 정보를 미리 조사하자. 악어 쇼, 물개 쇼, 침팬지 쇼 등 다양한 동물들의 멋진 쇼와 먹이주기 체험 등 재미있는 이벤트를 놓치면 눈으로만 보는 체험이 되어 재미없는 일정이 될 수 있다. 그러므로 반드시 사전 조사를 하고 떠나도록 하자.

2. 체험활동을 알짜배기로 만드는 방법

(1) 이야기 나누기

– 아프리카 코끼리와 아시아 코끼리의 차이는?

아프리카 코끼리의 이마는 툭 튀어나오고 등은 높게 솟아 있으며, 뒷다리는 길고, 앞발의 발톱은 4개, 뒷발의 발톱은 3개이며, 코끝의 돌기는 2개다.

아시아 코끼리의 이마는 중앙이 움푹하며 양쪽이 둥글게 튀어나와 있고, 등이 원만하고 평평하다. 앞다리의 발톱은 5개, 뒷발의 발톱은 4개이며, 코끝의 돌기는

1개다. 아시아 코끼리는 현재 멸종위기에 놓여 있다.

– 뽀로로에는 펭귄과 북극곰이 함께 살고 있다. 가능할까?

북극곰은 이름대로 북극에서 산다. 그리고 펭귄은 남극에서 산다. 그러니 이 둘
이 함께 사는 것은 애니메이션에서나 가능한 이야기이다. 그럼 펭귄은 남극에서만
살까? 그건 아니다. 애니메이션 '마다가스카'의 주인공도 펭귄이다. '마다가스카'
는 아프리카 끝에 있는 섬나라 마다가스카르가 배경이다. 여기에서 짐작할 수 있
듯 아프리카에도 펭귄이 살고 있다. 아프리카 코끼리와 아시아 코끼리가 서로 다른
생김새를 하고 있듯 남극의 펭귄과 아프리카 펭귄도 다른 특징을 갖고 있다. 동물
원의 펭귄을 보며 자세히 살펴보자.

– 동물의 암수 구분 방법

대부분의 동물은 암컷보다 수컷이 더 화려하고 예쁘다. 이유는 암컷을 유혹하
여 종족을 번식해야 하기 때문이다. 그래서 닭의 수컷 정수리에 벼슬이 있고, 원앙
은 수컷의 색깔이 더 화려하고 곱다. 화려하기는 공작도 마찬가지다. 암컷은 화려
한 깃털이 없는 반면, 수컷은 부채 모양으로 펼쳐지는 화려한 깃털을 가지고 있다.
사슴은 뿔로 암수 구별을 하는데 멋진 뿔이 있으면 수컷이다.

(2) 직업 찾기

수의사는 동물의 보건과 환경 위생 및 각종 질병 예방과 진료는 물론, 인
수 공통 전염병의 예방과 진료를 담당하는 의사를 말한다. 이들은 농림축

산식품부에서 주관하는 수의사 국가시험을 통과하고 수의사 면허를 취득한 사람을 말한다.

(3) 자료 정리

이번 보고서는 스크랩으로 정리하는 보고서이다. 동물에 대한 스크랩을 하기 위해서는 신문이나 다른 자료들을 잘 활용하는 것도 좋지만 동물원에서 내가 직접 보았던 동물들의 사진을 찍어두는 것도 도움이 된다.

3. 1석 2조의 체험 플러스

동물원의 동물에게는 먹이를 함부로 주면 곤란하다. 특히 과자 등을 봉지 채로 던지는 친구들이 있는데, 이로 인해 동물 친구들이 큰 병에 걸리기도 한다. 대부분의 동물원이 먹이를 따로 판매하고 있으니, 꼭 제대로 된 먹이를 구입해서 체험하자.

그리고 동물들이 등장하는 영화나 애니메이션도 함께 보자. 시무라 조지의 〈동물의 숲〉, 조지 오웰의 〈동물농장〉, 그 외 〈해피 피트〉와 〈남극의 눈물〉 등 동물들이 등장하는 다양한 영화들을 함께 보고 이야기 나누자.

창체 보고서 꼼꼼 가이드

스크랩으로 정리하는 보고서

준비물: 스케치북, 신문이나 잡지 등, 풀, 가위, 필기도구 등

신문, 잡지, 월간지 등 다양한 자료에서 동물에 관한 정보를 오려낸다.

오려낸 정보와 체험에서 찍은 사진을 적절히 배열하여 스케치북에 붙인다.

스크랩한 동물에 대해 자세히 조사하고, 내용을 기록한다.

에듀포인터 선생님의 진로 **TIP**

수의사가 되고 싶어요.

최근 '판다'가 멸종위기동물에서 제외되었답니다. 멸종위기동물이 점점 늘고 있는 상황에서 반가운 소식입니다. 지구 환경이 날로 악화되면서 동물을 만나려면 동물원이나 주토피아 같은 곳을 찾아야만 하는 시대가 도래 할지도 모르겠습니다.

동물원의 존폐를 두고 의견이 분분하지만, 동물원은 아이들에게 살아있는 생태학습장이고 멸종 동물을 보호하는 중요한 시설이 되기도 합니다.

안내견, 반려동물, 인명구조견, 마약탐지견 등 동물과 사람은 서로 도움을 주고받으며 생활하고 있습니다. 동물과 관련된 직업도 수의사, 동물조련사, 동물사육사, 안내견 훈련사, 반려동물 미용사, 반려동물 장의사, 반려 동물 사진작가 등 굉장히 다양합니다.

이렇게 동물과 관련된 일을 하고 싶은 친구들을 위해 대학에는 수의학과, 동물조련 이벤트과, 축산학과, 동물자원학과, 애완동물관리학과 등이 있습니다. 동물을 사랑하고 아끼는 친구들은 한 번 도전해 보세요.

친구의 창체 보고서

자료의 양에 따라 한 페이지 또는
두 페이지로 구성한다.

동물에 관해 조사한 내용을 쓴다.

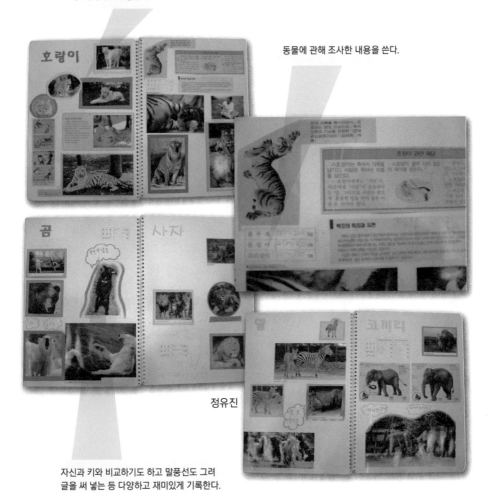

정유진

자신과 키와 비교하기도 하고 말풍선도 그려
글을 써 넣는 등 다양하고 재미있게 기록한다.

이공 계열 직업 & 진로 체험 촘소리축음기·에디슨과학박물관

천재 에디슨과 함께 과학의 세계로 가다

과학의 달 4월! 신비하고 재미있는 과학을 만나는 달. 발견되고 발명되는 과학의 세상에 빠져 보고 싶다면 천재 과학자 에디슨을 만날 수 있는 촘소리 박물관으로 떠나 보자.

에디슨의 발명품을 만날 수 있는
촘소리 축음기 박물관

▶▶ 4월은 과학의 달!

4월이 되면 대부분의 학교가 독후감 대회, 상상화 대회, 발명품 경진대회, 탐구대회, 기계과학탐구대회(과학상자 조립), 로봇과학탐구대회, 로켓과학 탐구대회, 과학토론대회 등의 다양한 과학 행사를 개최한다. 국민들에게 과학의 중요성을 강조하고, 모든 국민 생활의 과학화를 촉진하기 위해 1934년에 제정된 '과학데이'가 '과학의 날'로 발전하여 아이들로 하여금 창의적이고, 실현 가능한 것들을 생각하도록 만들고, 기계와 로봇을 자유자재로 움직일 수 있는 기회를 제공하고 있다.

특허 수가 1,000종을 넘는 많은 발명품을 남겨 '발명왕'이라 불리는 미국의 발명가 에디슨. 초등학교에 입학한 지 3개월 만에 퇴학당해 어머니로부터 교육을 받은 일화는 잘 알려진 이야기다. 그렇다고 에디슨이 부자였기에 가능했다고 오해하면 곤란하다. 철도에서 과자팔이, 신문팔이 등의 일을 하며 기차에서 실험을 한 그는, 화재 사건으로 차장으로부터 얻어맞아 청각장애를 일으키게 되고, 사람들과의 교제도 끊고 연구에만 몰두하기 시작했다.

에디슨이 만든 발명품 가운데 가장 알려진 것은 '전구'다. 세상을 밝히는 전구의 발명으로 산업이 발달하게 되었고, 열전자방출을 재발견한 에디슨효과로 과학도 발전했다. 하지만 어떤 이는 에디슨의 전구를 인류 최고의 발명품이자 최악의 발명품이라고 평가했다. 그 이유는 발명으로 인해 인류의 노동시간이 늘어나고, 일의 노예가 되었기 때문이란다. 이렇게 인류를 위해 많은 발명품을 남긴 에디슨의 발명품 가운데 다리미, 와플기, 냉장고, 커피포트 등 아내를 위한 발명품도 많았다. 그가 애처가였음을 짐작할 수 있다. 우리 아이들이 과학을 생활과 연결하여 생각할 수 있는 이야기를 나눠 보자.

▶▶ 춤소리축음기·에디슨과학박물관

1982년 춤소리방으로 강원도에 문을 연 이곳은 설립자가 소년시절 선물로 받은 축음기가 인연이 되어 수집한 축음기가 전시되어 있다. 뮤직박스, 축음기, 라디오, TV 등 약 2,500여 점과 발명왕 에디슨의 발명품 5,000여 점이 함께 전시되어 있어, 소리와 과학이 만나는 최대의 박물관이다.

옥외전시관에는 에디슨 전기자동차를 비롯하여 포드자동차 및 축음기선 전용 자동차 등이 전시되고 있다.

과학관 & 전시관 & 박물관

▷ 국립과천과학관 (경기도 과천시) www.scientorium.go.kr

기초과학관, 어린이탐구체험관, 전통과학관, 천체관측소 등

▷ 국립중앙과학관 (대전시 유성구) www.science.go.kr

생물탐구관, 과학캠프관, 우주체험관, 첨단과학관 등

▷ 첨단과학관 (대전시 유성구)

국가 연구개발성과를 효율적으로 전시하고 홍보하는 곳으로 활용.

▷ 신라역사과학관 (경북 경주) www.robopark.org

신라부터 조선시대 세종 때까지의 과학기술을 탐구, 복원, 모형 전시 등

▷ 로봇박물관 (서울 종로)

우주를 향한 인류의 꿈과 모험, 창조 등 로봇과 함께 한 문명발달사

▷ 서울특별시과학전시관 (서울시 관악구) www.ssp.re.kr

천문대, 생태학습관, 물놀이 체험장

▷ 인천과학상설전시장 (인천 중구) www.ienet.re.kr

꿈돌이관, 미래과학관, 천체관측실 등

▷ 부천 로보파크 (경기 부천) www.robopark.org

로봇박물관, 로보파크 체험실 등

▷ 경기도과학교육원 (경기 수원) www.gise.kr

과학 인구 확대와 수월성 교육을 위해 학생 과학 체험 교실 운영

▷ 첨소리축음기·에디슨과학박물관 (강원 강릉) www.edison.kr

뮤직박스, 축음기, 라디오, TV 등 아날로그음악에서 현대의 DVD까지 전시

▷ 경상남도 과학교육원 (경남 진주시) www.gnse.kr

직접 보고, 만지고, 느끼는 과학체험교육으로 운영

▷ 한국전력 전기박물관 www.kepco.co.kr/museum

전기의 역사, 전기의 소중함과 근대 과학의 발전과정 전시

▷ 서울대학교 의학박물관 www.medicalmuseum.org

병원의 역사와 의료기구 전시, 사전 신청에 의해 인체체험활동도 가능.

체험활동을 100배 즐기는 특별한 방법

1. 이번 체험활동은 무엇을 준비할까?

과학을 체험할 곳은 과학관, 전시관, 박물관 등 다양하다. 이런 곳을 체험하기 위해서는 우선 과학에 대한 이해가 있어야 한다. 과학의 '과' 자도 모르면 체험이 전혀 와 닿지 않기 때문이다. 그렇다고 체험을 위해 과학을 거창하게 공부하고 가면 주객이 전도되어 과학이 재미없어지게 된다. 과학을 재미있게 공부하기 위해 만화책을 활용해 보자.

평소 과학에 관심이 많은 친구라면, 또는 관심을 갖길 바란다면 과학 전문 월간지를 활용하는 것도 좋다. 월별로 어디에서 어떤 과학을 체험하면 좋은지에 대한 정보는 물론 이슈가 되는 과학 등 다양한 과학을 소개하고 있다. 과학에 대한 정보를 가지고 GO, GO!!

재미있는 과학 만화들   과학 전문잡지

2. 체험활동을 알짜배기로 만드는 방법

(1) 이야기 나누기

- 에디슨이 발명한 것들?

  ·축음기 에디슨은 축음기 1호인 틴포일을 만들었다. 틴포일은 최초의 소리기록 장치이다. 에디슨이 설계하여 조수와 함께 만들었으며, 최초의 노래는 에디슨이 직접 불러 녹음하였다.

  ·영사기 에디슨은 최초의 영사기를 만들었지만 촬영기가 없어 사용하지 못하다가, 영화 발명 후 사용할 수 있었다.

  ·전구 에디슨이 발명하고 인류의 미래를 바꾸어 놓은 발명품으로 인정받는 전구는 탄소 필라멘트 백열등이다. 전구는 이 세상에 빛을 주었으며, 백열등의 완성은 밤을 낮으로 만들어 주어 어두운 곳에서도 일을 할 수 있게 해주었다.

  ·전화기 우리는 전화기를 발명한 사람이 '벨'이라고 배우기 때문에 벨뿐이라고 생각한다. 벨이 발명하고 특허를 먼저 냈기에 벨이라고 배우지만 벨이 발명한 전화는 소리를 멀리까지 전하지 못했다. 이 결점을 보안한 사람이 바로 에디슨이다.

- 에디슨의 유명한 말?

  천재는 1%의 영감과 99%의 노력으로 이루어진다.

  아무리 천재라 하더라도 노력이 없으면 그의 천재성을 드러내지 못한다. 그러니 우리 친구들도 천재가 아니라고 실망하지 말고 노력하자.

– 과학은 왜 필요할까?

과학이 필요한 이유는 인간이 나날이 편리하고자 하기 때문이며, 새로운 것에 도전하는 사람들이 많기 때문이다. 과학에는 정답이 없다. 그러니 맞고 틀리고도 없다. 이러한 질문에 자신의 생각을 조리 있게 이야기 하면 된다.

(2) 직업 찾기

이곳에서는 발명가이자 과학자인 에디슨을 만날 수 있다. 에디슨은 대부분의 과학자가 그러하듯이 주변의 모든 것을 관찰하고 연구하였다. 그래서 생활에서 사용되는 와플팬과 같은 것들을 발명하였다. 여러분도 에디슨과 같이 연구를 통해 새로운 이론을 만들어 내거나 발명하는 일을 하고 싶다면, 과학의 과정을 생각해 보자. 그리고 우리 생활 속에서 더하고 빼는 방법을 활용하여 새로운 것을 발명을 고민해 보자.

(3) 자료 정리

이번 보고서는 학교 활동에 참여하고 쓰는 보고서로, 발명품 제작 보고서를 써 보고자 한다. 에디슨은 어떻게 발명을 하게 되었을까? 발명은 어떻게 진행되는지, 어떤 원리를 생각하면 되는지 가정학습을 진행한다. 그리고 그렇게 진행한 결과를 토대로 보고서를 써 보자.

3. 1석 2조의 체험 플러스

강릉은 관광도시이다. 율곡 이이 선생이 나고 자란 오죽헌과 조선말기의 사대부 저택이었던 선교장, 그리고 ≪홍길동전≫의 허균과 여류 시인 허난설헌의 생가와 경포대가 있다. 이 외에도 수많은 해수욕장과 항구 그리고 다양한 드라마 세트장이 있다.

주제를 중심으로 하는 체험활동도 좋지만 지역을 중심으로 하는 체험활동도 권장할 만하다. 다만 다시 가기 힘들다고 그 지역을 모두 둘러보고 체험하기 위한 계획을 세우면 체험활동이 고된 일이 될 수 있다. 그러니 너무 빡빡한 체험을 기획하지는 말아야 한다.

4월은 학교에서 여러 가지 과학행사를 한다. 각 가정에서도 다양한 프로그램 가운데 한 가지를 골라 학습해 보자.

과학독후감 대회: 대부분 글이 많은 책을 골라야 독후감을 쓸 수 있다고 생각한다. 하지만 과학을 주제로 한 시나, 만화 등을 통해서도 독후감 쓰기가 가능하다.

과학상상화 대회: 자동차가 날아다니는 세상을 가장 많이 떠올린다. 이는 과학적인 지식이 부족하기 때문이다. 책이나 과학 전문 잡지 등을 통해 과학이 발달한 세상을 많이 접하게 하자.

과학발명품 경진대회: 발명가들은 생활에서 불편한 것들을 찾아 편리하게 바꾸는 과학에서부터 시작하였다. 우리 생활에서 불편한 것에 무언가를 더

하거나 빼내어 편리한 것으로 바꾸는 발명을 해 보자.

기계과학탐구대회: 과학상자에 담긴 재료를 주어지는 주제에 맞게 조립하여 각 단계에 맞는 기계를 만드는 대회다.

로봇과학탐구대회: 라인트레이서, 댄싱로봇 등의 로봇을 제한된 시간에 조립하고, 당일 배부된 규정에 맞게 프로그래밍한 후 지정된 경로를 돌거나 규정에 맞는 동작을 하는 대회다.

로켓과학탐구대회: 물로켓, 에어로켓 등 로켓을 직접 제작하고, 목표물 가장 가까운 곳에 떨어지도록 물과 공기를 이용하여 쏘아 올리는 대회다.

과학토론대회: '생명의 다양성' '지구 환경' 등의 주제가 미리 주어지고, 2~3인 구성으로 자신들의 생각을 펼치며 토론하는 대회다.

창체 보고서 꼼꼼 가이드

발명 계획서

준비물: 보고서 양식, 필기도구, 잡지, 사진 등

생활 속에서 불편했던 것을 새롭게 바꾸는 발명을 한다. 창의의 '더하기'와 '빼기'를 활용하면 새로운 발명을 하기 쉽다.

창체 보고서를 쓴 친구처럼 '기존의 휠체어 + 우산'이 '지붕달린 휠체어'를 완성시켰다.

도청탐지전문가가 되고 싶어요.

미국의 전직 국가안보국(NSA)요원 에드워드 스노든이 독일, 프랑스 등 우방국 정상의 대화 내용까지 미국이 도·감청했다고 폭로해 전 세계의 주목을 받은 일이 있습니다. 당시 스노든은 NSA가 북한이라는 요인으로 인해 한국도 도·감청을 하고 있다고 말했다지요. 그래서 사람들은 도청당하지 않으려면 어떻게 해야 하나에 관심가지기 시작했지요.

도청탐지전문가로 활동하기 위해서는 전기, 전자, 통신에 대한 지식이 필요해요. 대학의 전기, 전자, 통신 관련 학과 출신자들이 주로 진출하고 있으며, 도청탐지 전문업체에서 제공하고 있는 인터넷 교육이나 입사 후 도제식으로 배울 수 있답니다. 도청탐지전문가가 활동하는 곳으로는 경호회사, 보안회사, 도청탐지업체, 법률회사, 정보기관, 군수사기관, 경찰, 검찰, 전파연구소, 보안 컨설팅회사 등이 있으며 어느 정도 경험이 축적되면 도청탐지업체를 창업할 수도 있답니다.

정보전쟁으로 불릴 만큼 기업의 성장과 쇠퇴는 정보에 달려 있기 때문에 정보의 보안은 기업의 최대 관심사로 자리 잡고 있어요. 또한 우리나라의 도청탐색서비스의 능력이 해외에서 인정받음에 따라 도청탐지분야의 일자리는 계속 늘어날 것이라고 합니다.

헤드폰을 끼고 복잡한 전자장비의 주파수를 맞추면서 무엇인가 알아내려는 심각한 표정. 007시리즈 영화를 비롯한 첩보영화에서 자주 등장하는 도청 장면을 보고 가슴이 두근거린다면 한 번 도청탐지전문가에 도전해보세요.

친구의 창체 보고서

일 시	년 월 일 요일
작품 명	지붕달린 휠체어
발명 배경 및 제작 목적	동네에 전동휠체어라고 다니시는 분이 계신데 비가 오면 우산을 들고 휠체어 운전하시는 모습이 불편해 보였다. 그래서 휠체어에 우산 기능을 할 수 있는 지붕을 달아야겠다고 생각했다.
발명품 설명 (그림 포함)	생략
작품의 독창성	유모차의 접었다 폈다 하는 지붕 방식에 우산의 버튼만 누르면 펴지는 방식을 하나로 묶어 보았다. 즉, 버튼을 누르면 지붕이 펴졌다 접혔다 한다. 지붕이 달린 휠체어가 거의 없으며, 있는 것도 너무나 고가여서 구입이 쉽지 않다.
기대 효과	한 손은 우산을 잡고, 한 손으로 운전하는 불안한 모습은 더 이상 없을 것이다. 그리고 휠체어를 운전할 때 깜빡이를 켜려면 두 손을 써야 하는데 한 손에 우산을 들고 있으면 그게 불가능하다. 이 작품을 통해 장애인과 어르신들의 안전에도 도움이 된다.
도움 자료	생략

4

자연 계열 직업
&
진로

5월이 좋아요!

힐링하는 삶을 꿈꾸며 숲으로 가다

도시에서 벗어나 자연이 주는 활력을 느끼고 싶다면 식물원이나 수목원을 찾아가 보자. 산림욕을 하며 마신 피톤치드로 스트레스도 해소하고, 신체도 건강하게 가꿔 보자.

섬 전체가 수목원인 외도해상공원

꽃과 나무가 그득한
아침고요수목원

▶▶ 식목일 이야기

식목일은 24절기의 하나인 청명 무렵이 나무 심기에 적합하다는 이유로 1911년 조선총독부가 4월 3일로 지정하고, 1946년 미 군정청이 4월 5일로 제정해 지금까지 이어지고 있다. 과거 이날은 조선 성종이 동대문 밖 선농단에서 직접 밭을 일군 날이기도 하다.

식목일의 주요 행사는 단연 내 집 앞마당은 물론, 산을 푸르게 가꿀 나무 심기이다. 나무가 자란 숲은 이산화탄소를 흡수하여 지구의 기후변화 대응에 기여하고, 빗물을 빨아들여 자연재해로부터 지켜 준다.

하지만 제대로 된 나무심기 방법을 몰라 심어 놓은 나무가 제대로 자라지 않고 죽거나, 한 그루의 나무를 심자고 올라간 산에 불을 내 수천 헥타르의 나무를 죽이기도 한다. 또 인간의 편리함을 위해 숲을 베어내기도 한다. 우리 아이들에게 민둥산이 숲으로 바뀌는 과정과 나무의 소중함을 함께 생각해 보는 시간으로 만들어 주자. 그러기 위해서는 떠나기 전에 교과서를 바탕으로 체험의 주제와 내용을 조사하도록 지도하자.

식물은 크게 꽃, 잎, 줄기, 뿌리, 열매로 나뉜다. 뿌리는 물과 무기양분을 흡수하고 줄기와 이어져 식물의 몸을 지탱하는 역할을 한다. 줄기는 식물의 몸을 지탱하고, 호흡작용을 하며, 물과 양분을 운반하는 통로의 역할을 한다. 기는줄기, 덩굴줄기, 서는줄기, 뿌리줄기, 덩이줄기, 비늘줄기 등 다양한 줄기의 형태를 띤다. 아침고요수목원의 곳곳에서 만나는 화살나무 줄기는 화살의 손잡이 모양을 하고 있다. 잎은 광합성을 통해 양분과 산소를 만들고, 증산작용과 호흡작용을 한다. 잎은 창 모양, 바늘 모양, 비늘 모양, 방패 모양 등 다양한 모양으로 되어 있다. 잎차례는 두 개를 붙어 나는 마주나기, 하나씩 나는 어긋나기, 줄기를 중심으로 동그랗게 돌려나는 돌려나기, 그리고 한곳에 집중해서 나는 모여나기 등으로 분류할 수 있다. 꽃은 씨앗을 맺는 생식기관이다. 꽃가루받이에 필요한 암술과 수술, 이들을 보호하는 꽃잎과 꽃받침으로 구성된다. 열매는 암술의 씨방이 자란 것으로, 종자와 이를 둘러싸고 있는 열매껍질로 이루어져 있다. 딸기나 석류, 그리고 버찌와 산수유 등도 모두 열매의 한 종류이다.

▶▶ 아침고요수목원

잣나무 숲이 울창한 축령산 자락에 조성된 수목원이다. 수목원에는 고향집, 허브, 분재, 야생화 등 특색 있는 정원이 조성되어 있고, 잣나무, 구상나무, 주목 등을 통해 삼림욕을 할 수도 있다. 또한 아침광장, 하경전망대, 지압로 등의 부대시설이 방문자를 기다리고 있다.

식물원 & 수목원 & 녹지사업소

나무가 중심인 수목원, 꽃들이 주인인 원예원, 허브를 모은 허브나라, 물 속 식물이 있는 세미원 등 다양한 주제의 식물원과 수목원이다. 가기 전에 그곳의 특징을 알고 더 알찬 체험이 될 수 있다.

경기도
가평 꽃무지 풀무지
가평 아침고요 원예수목원
양평 들꽃수목원
양평 세미원
양평 물향기 허브나라
포천 국립수목원
포천 평강식물원

경기도
고양 원당 허브랜드

서울
서울 선유도
서울 하늘공원비지터센터
서울 홍릉수목원
서울 남산 야외 식물원
서울 서울숲 곤충식물원

경기도
화성 공원녹지사업소
용인 한택식물원
오산 물향기수목원

충청도
태안 안면도수목원
아산 세계 꽃 식물원
홍성 그림이 있는 정원
천안 동산식물원

대전
대전 한밭수목원

전라남도
광주 조선대학교 장미원
목포 특정 자생식물원
완도 완도 난대수목원

강원도
원주 허브팜
평창 한국자생 식물원
평창 허브나라 농원
춘천 강원도립 화목원

경상북도
경주 경주허브랜드
성주 가야산 야생화식물원
예천 신라식물원
포항 경상북도 수목원
포항 기청산식물원

대구
대구 대구수목원
대구 허브힐즈

울산
울산 울산테마식물수목원

경상남도
진주 경상남도 수목원
거제 외도해상농원
고성 소담수목원
의령 목도수목원

체험활동을 100배 즐기는 특별한 방법

1. 이번 체험활동은 무엇을 준비할까?

숲을 제대로 이해하고 오기 위해서는 몇 가지 준비물이 필요하다. 우선 식물의 생김새와 해설을 담아 올 카메라. 수목원은 대부분의 식물이 이름표를 달고 있다. 그 이름과 설명을 종이에 일일이 옮겨 쓰는 것보다 꽃과 이름표를 한 컷에 담아 찍어 오면 사진 다시보기 만으로도 지식과 추억을 밖으로 꺼낼 수 있다. 그리고 식물의 이름을 알려 줄 식물도감, 떨어진 잎을 담아올 채집통 또는 두꺼운 책 등도 준비한다.

이 외에도 떠나기 전에 『나무 심는 사람』이나 『숲은 어떻게 만들어지는가』 등의 책을 읽으면 숲을 이해하는 데 도움 된다.

2. 체험활동을 알짜배기로 만드는 방법

(1) 이야기 나누기

- 이 꽃이 피는 시기는 언제지?

수목원을 돌다 보면 생김새가 비슷한 꽃들을 많이 본다. 구절초, 벌개미취, 쑥

부쟁이 등이 그러한데 생김새는 매우 비슷하나 꽃피는 시기가 달라, 한데 심으면 봄부터 가을까지 비슷한 꽃을 볼 수 있다. 또 꽃과 나무들이 달고 있는 이름표를 참고하여 봄, 여름, 가을, 겨울에 피는 꽃들을 나눠 보기도 하자.

– 나무들의 분류

나무를 분류하는 방법은 여러 가지다. 첫째, 크기와 생김새로 분류할 수 있다. 소나무·상수리나무·전나무처럼 한 개의 줄기가 높게 자라는 교목과 무궁화·회양목·진달래·개나리처럼 땅 표면 부근으로부터 줄기가 여러 갈래로 갈라지는 관목, 그리고 등·칡·머루·담쟁이덩굴처럼 줄기가 덩굴로 되는 만목으로 나누어진다. 두 번째는 잎의 모양으로 분류할 수 있다. 소나무·전나무·가문비나무·종비나무·잎갈나무·주목처럼 잎이 바늘같이 뾰족한 침엽수(나한송과 같이 잎이 넓은 것도 있음), 평평하고 넓은 잎이 달리는 활엽수가 있다. 활엽수는 속씨식물 중에서 쌍떡잎식물류에 속하는 나무를 가리킨다. 겉씨식물인 은행나무·나한송, 외떡잎식물인 야자나무류 등은 평평하고 넓은 잎이지만 활엽수라 하지 않는다. 이 외에도 외떡잎과 쌍떡잎, 겉씨와 속씨, 온대와 난대 등 기후와 지역적인 특성 등으로 분류할 수 있다. 이런 이야기를 나누기 위해서는 식물 관련된 작은 책 한 권을 손에 들고 체험하는 것도 좋다.

– 꽃과 식물은 어떻게 번식할까?

바람에 날려 뿌려지는 풍매화, 새에 의해 옮겨지는 조매화, 곤충의 도움을 받는 충매화, 물의 움직임으로 번식하는 수매화 등이 있다.

이런 내용들은 교과서에서도 나온다. 그래서 아이들과 체험하며 이야기를 나눌 때 '학교에서 배웠을 거 아냐' 하고 닦달하게 되면 체험이 즐겁지 않게 될 수 있다. 만약 하고 싶다면 '엄마가 어떻게 알게? 학교에서 배운 거 아직 기억하고 있지' 정도로 하는 것이 좋다.

(2) 직업 찾기

이곳에서는 나무를 심고 가꾸는 사람들을 만날 수 있다. 주로 꽃이나 장식식물 또는 채소와 같은 원예작물을 재배하는 원예사나 자연경관을 보다 기능적이고 아름답게 조성하는 조경사가 있다. 조경은 미래 유망직업으로 분류되어 있기는 하나, 아직까지는 많은 인력을 필요로 하는 직업이 아니므로 자신의 적성을 고려하여 신중하게 택해야 한다.

(3)정리하기

이번 보고서는 나무 또는 꽃을 주제로 책 만들기이다. 책 속에 담을 다양한 경험을 오감과 마음을 이용하여 담아 와야 한다. 그러기 위해서는 눈으로 잎이나 줄기도 관찰하고, 코로 꽃이나 식물의 향기도 맡아보고, 손으로 떨어진 잎도 만져 보자. 그리고 입으로 허브도 맛보자. 이렇게 체험한 내용은 잊지 않도록 기록해 오자. 순간에는 이 느낌을 오래도록 기억할 것 같지만 시간이 지나고 또 다른 경험을 하면 잊어버리게 되므로 기록을 위해 메모해 두는 습관을 가지도록 하자.

3. 1석 2조의 체험 플러스

　식물원과 수목원 나들이는 시기에 따라 장소 선택을 신중히 고려하여야 한다. 예를 들어 따뜻한 봄과 식목일을 맞아 찾은 아침고요수목원. 파릇파 릇 새 잎과 알록달록 예쁜 꽃을 기대했겠지만 4월의 아침고요수목원은 북쪽 에 위치해 있기 때문에 아직 봄이 오지 않아 한산하기만 하다. 이때 참고하면 좋은 것이 신문에 실리는 '개 화시기' 기사다.

　한 번 간 곳이라고 외면하 지 말고 다른 계절에 다시 한 번 찾아가 보자. 4월과 8월의 수목원은 피어있는 꽃도, 향 기도 다르다는 것을 알게 될 것이다.

봄꽃 초 절정 지도

남산·여의도 4.9
춘천 4.24
강화 4.15
강릉 4.17
부천 4.16
창덕궁 4.6
양평 4.5
이천 4.1
봉화 4.3
당진 4.15
제천 4.15
공주 4.9
영덕 4.17
대전 4.10
의성 3.29
금산 4.16
군산 4.9
진안 4.15
경주 4.3
구례 3.28
하동 4.2
창원 4.10
순천 4.17
진해 4.5
광양 3.27
영암 4.5
여수 4.1
해남 3.24
제주 3.30

매화
산수유
벚꽃
복사꽃
진달래

창체 보고서 꼼꼼 가이드

발명 계획서

준비물: 두꺼운 마분지, 4절 색도화지, 필기도구 외.

4절 도화지를 반으로 접은 상태에서, 다시 4등분하여 한쪽 끝에서부터 말아 준비한다.

두꺼운 마분지를 앞에서 준비한 종이의 표지로 만든다.

마지막 두 페이지를 표지에 풀로 붙여 완성한다.

에듀포인터 선생님의 진로 **TIP**

녹지환경사업 전문가가 되고 싶어요.

2015년 어린이날, 사람들이 가장 많이 방문하는 곳 어디일까요? 대부분 놀이공원이라고 생각하겠지만 T맵 빅데이터를 분석한 결과, 아침고요수목원이었답니다. 화창한 봄 날씨에 북적이는 놀이공원보다 나무숲에서 여가를 즐기려는 가족들이 많았던 것이죠.

미세먼지, 자동차 배기가스 등 대기 오염의 점점 심해지면서 공기청정기가 생활필수품이 되어버린 요즘, 쾌적한 환경을 선호하는 사람들은 점점 많아지고 있습니다.

환경을 소중히 여기고 자연공원에 관심이 많은 친구들은 대학의 조경학과, 환경조경학과, 도시환경조경과, 관광조경과, 녹지조경과, 조경디자인학과에 관심을 기울여 보세요. 조경기술사, 조경기능사, 자연환경관리기술사, 자연생태복원기사 등이 이 분야의 관련자격증이랍니다.

친구의 창체 보고서

나무 모양의 책을 만들어도 좋다.

가장 편한 방법은 종이를 있는 그대로
접어서 사용하는 것이다.

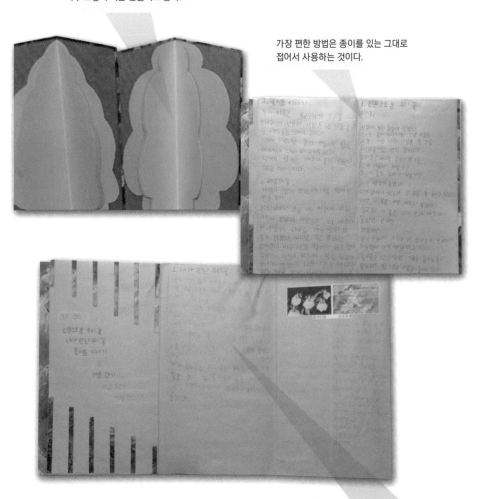

접은 책 속에 수목원에서 보았던
꽃 이야기를 담으면 된다.

살아 숨 쉬는 갯벌에서 환경운동가를 꿈꾸다

♬비틀비틀 찰박찰박 신나는 갯벌여행. 비릿한 바다 바람도,

상큼 상큼 헤치고, 소라게 한 마리 비틀~ 인사를 한다.♪♩

(동요 〈갯벌여행〉 중에서)

갯벌에 무엇이 사는지 궁금하다면, 갯벌에서 마음껏 뛰어놀고 싶다면 함

께 떠나 보자.

무더운 여름, 가족들과 함께 갔던 파란 파도가 일렁이는 해수욕장과는 달리 거무튀튀한 펄이 일어 뿌옇게 흐려진 바닷가를 본 적 있는가? 백사장 앞까지 찰랑이는 물 대신, 가도 가도 물은 없고 푹 빠진 발을 빼내느라 바쁜 바다, 바닷물이 드나드는 바닷가나 강가의 넓고 평형하게 생긴 땅, 육지의 퇴적물로 생성되어 육지도 바다도 아닌 곳, 밀물(만조)이 밀려들어 오면 바다가 되고, 썰물(간조)에 물이 쓸려 나간 자리를 개간하면 육지가 되는 것이 바로 갯벌이다. 갯벌 여행에 앞서 한 가지 꼭 점검해 두어야 할 것은 물때다. 도시 사람들에게는 친근하지 않기 때문에 인터넷 등을 통해 확인하는 것이 좋다.

갯벌은 모래갯벌과 펄갯벌 그리고 혼성갯벌로 나뉜다. 모래갯벌은 바닷물의 흐름이 빠른 수로 주변이나 넓은 해변에 형성되며, 바지락, 동죽, 서해비단고둥, 갯고둥 등이 산다.

펄갯벌은 바닷물의 흐름이 완만한 만이나 강 하구의 후미진 곳에 형성된다. 경사가 적고 평평해서 갯벌의 폭도 넓은 편이다. 펄갯벌에는 산소나 먹이를 포함하는 바닷물이 펄 깊숙이 들어갈 수가 없기 때문에 이곳에 사는 생물들은 갯벌 표면에 구멍을 내거나 관을 만들어 바닷물이 흘러들도록 한다. 개펄에 구멍이 숭숭 나 있는 것은 이 때문이다. 주로 갯지렁이류와 게 종류가 많이 살고 있다.

혼성갯벌은 모래펄갯벌이라고도 하는데 모래와 펄이 섞여 있는 퇴적물이다. 주로 칠게, 동죽, 맞조개, 가시닻해삼 등이 산다.

1980년대 후반부터 '서해안 개발'이라는 이름으로 갯벌을 매우는 간척 사업이 무분별하게 진행되어, 일부는 공업 용지로, 일부는 농업 용지로 개간되었다. 그러나 최근에는 하천과 해수의 정화, 홍수조절 등 갯벌의 생태적 가치 등이 밝혀지며 '바다의 보고', '생명의 보고'였던 옛 모습으로 되돌리기 위한 보전운동에 힘쓰고 있다.

이미 잘 알려진 갯벌과 달리 아직 잘 알려지지 않은 갯벌은 사람들이 오는 것을 꺼리기도 한다. 관광객이 다녀가면 갯벌이 쓰레기 등으로 몸살을 앓기 때문이다. 충남 태안의 바람아래 해수욕장도 그런 곳이다. 갯벌이 더 이상 아프지 않도록 하고 싶다면 소래습지생태공원이나 강화갯벌센터 같은 곳을 찾는 것도 방법이다.

인천	강화 석모도 민머루해수욕장	강화 강화갯벌센터
	강화 강화도자연체험농장	중구 왕산 해수욕장
	중구 마시안갯벌체험장	중구 하나개해수욕장
	옹진 선재어촌체험마을	
경기	안산 어촌민속전시관	안산 탄도어촌체험마을
	안산 대부도 종현어촌체험마을	안산 대부도 선감어촌체험마을
	화성 제부도 갯벌체험장	
충남	홍성 홍성속동갯벌마을	태안 안면도 꽃지 해수욕장
	태안 안면도 바람아래 해수욕장	서천 월하성갯벌체험장
	서천 선도리갯벌체험장	서천 송석리갯벌체험
전북	부안 모항갯벌체험장	고창 만돌갯벌체험활동장
전남	영광 두우리갯벌체험	무안 송계어촌체험마을
	무안 무안생태갯벌센터	신안 증도갯벌생태공원
	해남 송지갯벌체험	
경남	하동 대도마을	남해 문항마을
	남해 남해갯벌생태학교	남해 유포마을
	남해 선원마을	남해 지족어촌체험마을
	남해 둔촌갯벌생태체험	남해 동대만갯벌체험장
	남해 냉천갯벌체험장	사천 다맥마을
	고성 동화마을	거제 도장포마을

갯벌 체험은 무료로 체험 가능한 곳과 유료로 체험 가능한 곳으로 분류할 수 있다. 무료로 체험 가능한 곳은 주로 서해안의 덜 알려진 해수욕장으로, 비용이 들지 않는 장점이 있는 반면 조개나 쏙이 많이 잡히지 않는다는 단점이 있다. 반면 유료로 체험하는 곳은 비용을 지불해야 하는 부담 때문에 기분이 언짢을 수 있지만, 양식을 함께하고 있기 때문에 많은 양의 조개나 쏙을 잡을 수 있어 금세 얼굴에 미소를 지을 수 있는 재미도 있으니 어떤 체험을 할 것인지 잘 선택하길.

체험활동을 100배 즐기는 특별한 방법

1. 이번 체험활동은 무엇을 준비할까?

갯벌을 체험하기 위해서는 특별한 준비물이 필요하다.

맛소금(키조개 잡을 때-물약 통이나 케찹 통 등에 담아서 준비), 호미, 된장(쏙 잡을 때-된장을 구멍 위에서 푼다), 붓, 붉은 망(양파 망), 끈 있는 샌들(벗겨지지 않고, 세척하기 편리한 것으로 준비), 긴팔, 모자, 고무줄(머리는 바람에 날리지 않도록), 썬 크림, 여벌의 옷, 수건 등.

2. 체험활동을 알짜배기로 만드는 방법

(1) 이야기 나누기

- 갯벌이 서해안과 남해안에 발달한 이유는?

① 바다가 얕다. ② 높낮이의 변화가 심하지 않은 해저면. ③ 리아스식 해안으로 해안선에 굴곡이 심하고, 곶과 만의 발달 때문이다.

– 그럼 동해안은?

　① 바다가 깊고, 온도 변화가 작다. ② 해저면의 급경사가 심하다. ③ 굴곡이 거의 없어, 곶과 만도 없는 편이기 때문에 갯벌이 발달하지 않았다.

– 세계에도 갯벌이 있나?

　세계의 5대 갯벌: ① 우리나라 서남해안의 갯벌, ② 유럽의 북해 해안, ③ 캐나다 동부해안, ④ 미국 동부 해안, ⑤ 남아메리카 아마존 강 하구.

– 갯벌에서 사는 생물을 뭐라고 부르지?

　'저서생물'이라 한다. 물 밑바닥에 붙어사는 생물이라는 뜻이다. ① 갯지렁이류, ② 굴, 꼬막, 조개 같은 연체동물, ③ 게, 새우 같은 갑각류, ④ 불가사리, 해삼 같은 극피동물, ⑤ 산호, 말미잘, 해파리 같은 자포동물이 해당된다. 그중 칠게, 농게, 바위게 등의 게를 쉽게 만날 수 있다.

– 갯벌에 사는 또 다른 생물은?

　노랑부리 백로, 저어새 등 세계적 멸종위기 희귀조(鳥)의 도래지이다.

(2) 직업 찾기

자연환경을 보호하고, 유해물질 사용을 금지하고, 생태계의 보전 등을 목표로 사회적 활동을 하는 사람들을 환경운동가라고 한다. 환경운동가는 개인적으로도 활동할 수 있지만, 그린피스, 월드와치, 환경운동연합, 녹색소비

자연대 등 다양한 환경운동 시민단체에서 함께 일할 수도 있다.

(3) 정리하기

이번 체험 후에 작성하게 될 보고서는 갯벌 이야기를 담아 쓰는 '깃발 책'이다. 이를 위해서는 직접 잡거나 맛본 조개의 사진을 찍어 두자. 이왕이면 내가 만든 책 속에 직접 잡은 조개에 대한 이야기를 포함시키면 더욱 생생한 보고서가 될 수 있다.

3. 1석 2조의 체험 플러스

갯벌에서 최고의 체험은 조개잡기와 갯벌 생물을 채집이다.

맛 잡이 - 구멍에 소금을 뿌린 후 맛이 올라오면 잡아당긴다.
쏙 잡이 - 구멍 위에 된장을 약간 풀고, 붓으로 살살 위아래로 반복한다. 쏙이 붓에 매달려 올라올 때 양손으로 앞발을 잡아 뺀다.

요즘은 갯벌체험지에 캠핑 시설이 잘 갖춰져 있어 체험 후 씻을 곳이 많지만, 간혹 덜 알려진 해수욕장이나 휴가철이 아닌 경우 씻을 물을 구할 수 없을 때도 있다. 체험 정보를 꼼꼼히 살펴 낭패를 당하는 일이 없도록 하고, 만일의 경우를 대비해 물통에 수돗물을 넉넉히 받아 가는 것도 좋다. 또 수건은 물기를 닦거나 몸을 가리는 등 여러모로 쓸모가 많으니 여유 있게 가져가도록 하자.

창체 보고서 꼼꼼 가이드

깃발 책으로 만드는 체험 보고서

준비물 1: 종이, 그림 자료, 풀, 가위, 색연필, 사인펜 등.

준비물 2: 색도화지, 포장지, 필기도구 외.

에듀포인터 선생님의 진로 **TIP**

녹색직업을 갖고 싶어요.

승객에게서 요금을 받고 다음 정류장을 알려 주던 버스안내원, 통화하려는 번호로 연결해 주던 전화교환원. 지금은 역사 속으로 사라진 직업입니다. 또 이세돌 9단과 알파고의 바둑 대국으로 인공지능에 이목이 쏠리면서 운전기사, 통·번역가, 세무사, 회계사, 재무 설계사 등과 같은 직업은 인공지능이 대체할 것이라는 추측이 나오고 있지요.

반면, 새롭게 떠오르는 미래 일자리도 있습니다. 그중 가장 주목받는 것이 '녹색직업'입니다. 녹색직업은 자연환경을 보존하고 생태계를 복원하는 일, 에너지와 자원, 쓰레기 등 환경문제를 해결하는 데 큰 도움이 되는 일을 말합니다.

포유류, 조류, 파충류까지 치료하는 야생동물 수의사, 쓰레기로 버려지는 낡은 물건을 재활용해 멋진 작품으로 재탄생시키는 에코디자이너, 관광객이 식당, 숙소, 교통, 기념품 등에 쓰는 돈이 마을 주민에게 돌아가게 하는 공정여행가, 네팔 여인 고유의 수공예 기술을 살려 옷을 만들어 판 후 수익을 착취하지 않고 정당한 비용을 지급해 주민의 자립을 돕는 공정무역가도 모두 녹색직업에 해당됩니다.

서해안 갯벌이 건강해야 우리도 지구도 모두 건강해지겠죠? 어린이 여러분도 환경과 지역 주민을 살리면서 돈도 버는 녹색직업에 관심을 가져보면 어떨까요?

깃발 책을 만든다.
안면도의 위치나 정보를 책 속 첫 페이지에 붙인다.
제목과 만든이의 이름을 쓴다.

책의 한쪽 면에는 갯벌 생물을 붙인다.
이은정 친구는 여름방학을 맞아 신문에
특집으로 실린 갯벌 자료를 활용하였다.

반대쪽에는 갯벌 생물에 대한
설명글을 쓰거나 정리하여 붙인다.

5월이 좋아요!

자연이 주는 특별한 선물을 알리는 지역전문가가 되어보자

산, 바다, 호수가 잘 어우러진 '3경(제암산, 주암호, 득량·여자만) 3향(의향, 예향, 다향)'의 고장 보성으로 여행을 떠난다면 꼭 해 보아야 할 체험 다례! 차향 그윽한 보성에서 다례 체험을 즐겨보자.

다도는 차를 마시는 일을 통해 심신을 수련하는 것을 의미하고, 다례는 사람과 신불에게 차를 달여 바치는 의식과 그것을 마실 때의 예의범절을 의미한다. 다시 말해 다도는 차를 만들고 먹는 예이며, 다례는 차를 마실 때나 대접할 때에 그 분위기에 어울리는 모든 범절을 다례라고 정의할 수 있다.

우리에게 다례보다 더 익숙한 다도는 8세기 중엽 당나라의 육우가 〈다경〉을 지은 때부터 비롯되어 중국, 한국, 일본 등에 널리 유포되었다. 초의는 〈동다송〉을 통해 "따는 데 그 묘(妙)를 다하고, 만드는 데 그 정(精)을 다하며, 물은 진수(眞水)를 얻고, 끓임에 있어서 중정(中正)을 얻으면, 체(體)와 신(神)이 서로 어울려 건실(健實)함과 신령(神靈)함이 어우러진다. 이에 이르면 다도는 다했다고 할 것이다"고 했다. 즉, 초의에 의하면 다도는 정성스럽게 잘 만들어진 차로 좋은 물을 얻어 알맞게 잘 우러나게 해야 이루어진다는 것이다.

우리나라의 다례는 고려시대 이후부터 궁중에서 중국의 사신을 맞이할 때나, 국가적인 명절의 제례 등에 행해졌다. 유교적인 의식이 토대였던 조선시대에는 다례 또한 유교의 영향을 받았는데, 제례를 '차례'라고 칭하는 것도 차로써 제례를 행하였던 것에서 유래되었다. 하지만 다도는 일제강점기에 식민지 교육의 일환으로 실시되었던 이례가 있어 그 시선이 곱지만은 않다.

차는 차나무의 잎을 원료로 제조과정 중 발효 여부에 따라 발효하지 않은 녹차, 반발효차인 우롱차, 그리고 발효차인 홍차로 분류할 수 있다.

녹차는 차나무의 어린잎을 덖어 말린 것으로, 차나무는 따뜻하고 비가 많이 오는 기후에서 잘 자란다. 그래서 제주와 전남, 경남 등 우리나라의 최남

단에서 많이 재배된다. 차는 찻잎을 따서 덖고 말린 시기에 따라 이름이 다르다. 4월~5월 초의 것을 우전, 5월 말~6월의 것을 세작, 7월~8월의 것을 중작, 8월 하순의 것을 대작이라 한다. 찻잎이 어릴수록 단맛이 더 있고 향이 여리다.

▸▸ 보성 녹차마을(도강마을)

보성의 차 이야기는 〈세종실록지리지〉를 비롯한 여러 문헌에 등장한다. 호랑이가 나오던 도강마을은 1968년 매우 적은 양으로 차 재배를 시작했다. 지금의 차밭은 대한다업이 보성 일대의 차밭을 인수하면서 녹차마을의 명맥을 이어오고 있다. 보성은 영천저수지와 남해바다, 그리고 안개와 배수가 좋은 산으로 인해 차 재배에 적격지로 꼽힌다. 산비탈을 타고, 굽이굽이 산허리를 감싸는 차밭은 관광지로도 인기가 높으며, 드라마나 영화의 촬영지로도 인기 있다. 매년 5월에 다향제가 열린다.

자연환경과 주민 생활과의 관계 생각하기

아래 내용을 읽고 어디로 체험을 가면 좋을지 생각해 보자.

자연환경		주민들의 생활에 미치는 영향
지형	산(산간 지역)	목장을 만들어 가축을 기름
		약초, 산나물, 목재, 지하자원 등을 얻음
		스키장, 눈썰매장 등을 만들어 이용함
	평야(평야 지역)	논과 밭에서 곡식, 채소, 과일 등을 얻음
		길을 만들어 도로로 이용하고, 집이나 공장을 지음
		원예농업과 낙농업을 함
	하천(강과 시내)	댐을 만들어 물과 전기를 얻음
		유람선을 띄워 관광자원으로 활용함
		유원지를 만들어 관광자원으로 활용함
	바다(해안 지역)	주로 어업, 양식업 등에 종사함
		해수욕장을 만들어 관광자원으로 활용함
		염전을 만들어 소금을 얻고, 갯벌에서 조개와 굴을 캠

② 지역마다 생활 모습이 다른 까닭

 – 기후, 땅 모습 등 자연환경이 다르다.

 – 자연환경의 차이는 인문환경에 영향을 준다.

 – 지역마다 가지고 있는 자원의 종류와 양이 다르다.

③ 특산물: 어떤 지역에서만 생산되거나, 다른 지역의 생산물보다 품질이 뛰어남.

 각 지역마다 자연환경이 다르기 때문에, 생산되는 특산물이 다르다.

④ 국내 지역 간의 물자 교류: 지역마다 자원이나 상품을 만드는 기술이 다르기 때문에

 물자 교류가 일어난다.

자원이나 상품	생산지	생산지의 특징
오징어	울릉도	영양 물질이 풍부한 바다
쌀	이천	큰 하천과 넓은 평야
고추	음성, 청양	비옥한 토지
녹차	보성	따뜻한 남쪽 지역의 비옥한 땅

체험활동을 100배 즐기는 특별한 방법

1. 이번 체험활동은 무엇을 준비할까?

체험에 특별한 준비물은 필요하지 않다. 하지만 예를 익히는 곳이 아무리 무더운 여름이라도 민소매 보다는 짧은 팔이 있는 옷과 양말 등을 갖추는 것이 좋다. 사실 어디에도 민소매가 불량한 복장이라는 정의는 없지만, 옛 선조들의 예도 함께 배우러 가는 길이니 가릴 건 가렸던 옛 선조들의 관습도 함께 지키며 체험하자.

외국의 경우 박물관·왕궁·성당 등 복장이 제대로 갖춰져 있지 않으면 입장이 불가능한 곳도 있다. 우리나라의 경우 복장에 대한 규제가 심하지 않지만 공공장소에 가는 것인 만큼 서로에게 불편을 끼칠 복장은 피하는 것이 좋다.

2. 체험활동을 알짜배기로 만드는 방법

(1) 이야기 나누기

– 보성의 차밭과 하동의 차밭의 차이

보성은 차나무를 인공적으로 심어 물결이 일 듯 나란한 모습을 볼 수 있다. 반면 하동은 씨를 흩어 뿌린 것처럼 비탈의 바위 틈 등 이곳저곳에서 나무가 자라고 있다.

– 차 맛은 어떨까?

녹차의 맛은 쓴맛이 특징이다. 어린 찻잎을 덖은 우전의 맛은 그 맛이 순하고, 가장 나중에 딴 대작은 쓴맛이 강하다. 차 중에서 가장 좋은 맛은 세작이라고 한다. 하지만 맛의 느낌은 각자 다르니 체험관 등에서 마셔 보고 직접 평가하기를. 그리고 녹차 아이스크림이나 녹차 팥빙수 등도 판매하고 있으니, 녹차 가루가 들어 있는 다른 음식을 먹어보고 평가하는 것도 좋겠다.

– 녹차의 효능 제대로 알고 마시자.

녹차는 콜레스테롤을 제거하고 지방분해를 촉진해 주어 비만을 예방해 준다고 알려져 있다. 그렇다고 무조건 많이 마시는 것은 곤란하다. 녹차에는 카페인이 들어 있어, 지속적으로 많이 마실 경우 불면증과 속 쓰림 그리고 심장병을 유발할 수 있다. 그리고 녹차는 대부분의 차와 같이 찬 성질을 지니기 때문에 소화기능이 떨어지는 사람은 부작용이 생길 수 있으니 삼가는 것이 좋다. 차를 마시기 가장 좋은 시간은 대부분의 약과 같이 식사 후 30분이 지나서이다.

– 녹차 우려내기

녹차는 너무 뜨거운 물에 우려내면 카페인 성분이 많이 우러나고, 찻잎이 산화되어 쓴맛이 강해진다.

그리고 여러 잔에 녹차를 우려내야 할 경우 잔 하나에 물을 다 붓고 다음 잔에 물을 붓는 것이 아니라, 각각의 잔에 물을 3분의 1씩 나누어 부어야 같은 향의 차를 맛볼 수 있다.

(2) 직업 찾기

이곳에서는 다양한 직업을 가진 사람들을 만날 수 있다. 차밭에서 일하는 1차 산업 종사자 농부, 찻잎을 따서 덖고 말려 녹차를 생산하는 2차 산업 종사자 노동자, 그리고 이 제품을 판매하는 3차 산업 종사자 판매원까지. 드넓은 녹차 밭만큼 다양한 직업이 있다. 눈으로 즐기고 피부로 힐링하는 것 외에도 다양한 직업을 찾고, 자세히 살펴보자.

(3)정리하기

이번 보고서는 사진과 지도를 활용한 보고서이다. 긴 체험으로 보고서를 바로 쓰기 힘들 때나 체험에서 다양한 사진을 찍어 두었다면 지도와 사진만을 이용하여 간단하게 꾸며 보는 것도 좋다. 하지만 어디서 어떤 체험을 했는지 정도는 기록해 두어야 보고서라고 할 수 있으니 메모는 꼭 하도록 하자.

3. 1석 2조의 체험 플러스

다례 체험은 크게 예절 체험과 차밭 체험으로 나눌 수 있다. 차밭으로 갔다면 차의 생김새, 차 잎이 찻잔에 담기기까지의 과정을 함께 생각하고 체험해 보자. 예절 체험의 경우 주최하는 곳에 따라 '예의'와 '범절'을 느낄 수 있는 다례 체험 외 떡 만들기, 다식 만들기 등의 다양한 체험을 함께 할 수도 있다. 비용은 무료에서 20,000원 정도며, 2인 이상에서 최소 10인 이상 등 조건이 제각각이니 미리 조사하고 가자.

전국 각지에서 보성다향제(5월 초), 대구세계차문화축제(5월 말), 국제차문화대전(6월 초), 광주국제차문화전시회(6월 말), 부산국제차·공예박람회(11월 중순) 등 다양한 차 축제가 열린다. 다양한 차 축제가 열리고 있다. 이때 축제장을 찾아 다양한 차 문화도 즐겨보자.

창체 보고서 꼼꼼 가이드

지도에 표시하는 체험기

준비물: 지도, 사진, 필기도구, 사인펜, 색연필, 그림 자료.

- 준비한 지도에 체험을 나서는 길을 표시한다.
- 체험한 곳의 위치를 지도에서 찾아 사진을 붙인다.
- 그곳의 기억을 짧은 글로 남긴다.

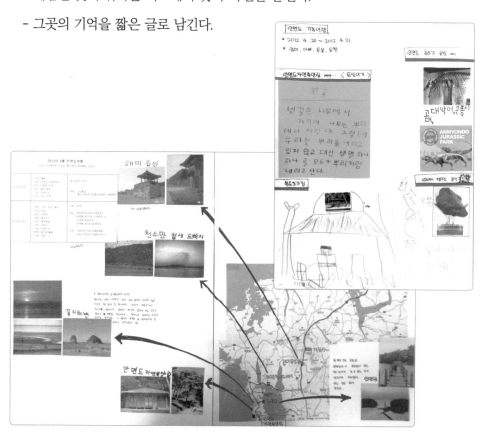

산림치유지도사가 되고 싶어요.

초록의 넓은 차밭, 아름다운 편백나무 자전거길, 향기로운 차 맛에 녹차 아이스크림까지. 생각만 해도 온몸이 행복해지는 느낌이죠? 각박한 사회를 사는 현대인에게 스트레스를 줄이는 각종 심리치유 방법이 주목을 받고 있습니다.

숲의 고요함과 청량함을 통해 사람들의 지친 몸과 마음을 정화시키는 산림치유지도사라고 들어 보셨나요? 도시화, 산업화, 고령화 등으로 환경성질환, 만성질환, 노인성질환 등이 증가하고, 최근 우울증, 아토피질환 등이 크게 늘면서 자연요법의 하나인 산림치유에 대한 관심도 점차 커지고 있습니다.

산림치유란 나무향기, 아름다운 경관, 음이온, 소리 및 햇빛 등 산림의 다양한 요소를 활용해 인체의 면역력을 높이고 심신의 건강을 증진시키는 활동을 말해요. 산림치유지도사와 유사한 직업으로는 숲해설가(산림교육전문가), 숲치유사, 숲길체험지도사, 등산안내인, 유아숲지도사 등이 있지요.

산림치유지도사 양성기관은 가톨릭대, 한림성심대, 광주보건대, 순천대, 전남대, 충북대, 동양대, 전북대, 대구한의대 총 9곳이 있습니다(2014년 기준). 관련자격증으로는 산림청에서 인증하는 산림치유지도사 1급, 2급이 있어요. 산림치유지도사처럼 사람의 몸과 마음에 휴식을 제공하는 어떤 직업이 또 새롭게 생겨날까 궁금해지지 않나요?

친구의 창체 보고서

지도에서 장소를 찾아
스티커를 붙인다.

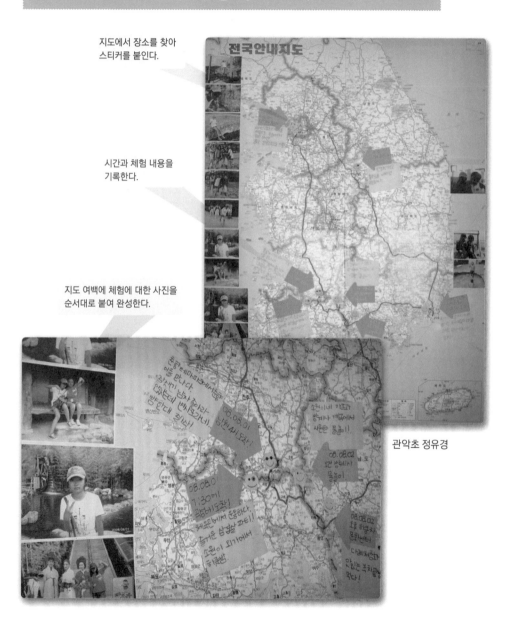

시간과 체험 내용을
기록한다.

지도 여백에 체험에 대한 사진을
순서대로 붙여 완성한다.

관악초 정유경

5

예술 계열 직업
&
진로

언제든지
토요일이
좋아요!

문화와 예술이 공존하는 곳에서
공연기획자의 꿈을 키워보자

아름다운 음악소리 따라 물줄기 뿜는 음악분수를 비롯하여 미술, 서예, 사진, 그림 등 다양한 예술을 한자리에서 보고 싶다면 복합 문화예술 공간인 예술의 전당으로 가보자.

10월은 문화의 달

문화·예술을 올바르게 이해하도록 하기 위해 1972년에 방송의 날, 영화의 날, 잡지의 날을 흡수하여 10월을 문화의 달로, 10월 20일을 문화의 날로 정했다. 문화의 달 기간 중 연극, 무용 등의 기념공연과 강연회 등의 특색 있고 다양한 문화·예술 행사가 열린다. 문화란 영어의 'culture'나 독일어의 'Kultur' 등을 번역한 말로, 한 민족이나 사회의 전반적인 삶의 모습을 일컫는다.

넓게는 인간에 의해 이룩된 모든 것을 의미하기도 하고, 좁게는 교양 있고 세련되며 예술적인 면을 의미하기도 한다. 한 민족의 문화를 들여다보면 다른 민족과 유사해 보이는 것들이 있다. 하지만 다른 민족과 같아 보이는 문화도 그 민족만의 문화로 바뀌어 나타난다. 세계의 팝(Pop)이 한국에 와서 K-Pop이 된 것과 같이.

우리나라를 대표하는 문화는 어떤 것들이 있을까? 문화체육관광부(www.mcst.go.kr)가 우리나라의 대표적인 문화로 한복, 한글, 김치와 불고기, 불국사와 석굴암, 태권도, 고려인삼, 탈춤, 종묘제례악 그리고 설악산

문화체육관광부에서 선정한 한국의 얼굴 〈문화체육관광부 자료사진〉

과 세계적인 예술인을 꼽았다. 우리나라는 현재 영화, 애니메이션, 음악, 비디오물, 게임물, 멀티미디어콘텐츠, 캐릭터, 만화 및 디지털콘텐츠 등의 문화 산업에서 두각을 나타내고 있다.

예술의 전당

오페라하우스, 음악당, 서예관, 미술관, 예술자료관 등의 옥내 공간과 장터, 놀이마당, 한국정원, 우면지 등을 갖춘 복합아트센터다. 어린이를 위한 음악회에서부터 해설이 있는 청소년음악회, 그리고 다양한 음악가들의 리사이틀이 공연된다. 또 해학이 넘치는 연극과 노래가 함께 있어 좋은 뮤지컬과 오페라, 그리고 화려한 춤과 함께 펼쳐지는 발레가 풍부한 볼거리를 제공한다. 이 밖에도 해외 박물관을 옮겨와 전시하고, 고전과 현대가 어우러지는 다양한 미술전도 열린다. 화창한 토요일에는 무료 공연도 열린다.

주요 문화공연장과 전시관

예술의 전당 (서울 서초구 서초동)

문화예술의 전당 (서울 용산구 남영동)

의정부 예술의 전당 (경기도 의정부시 의정부동)

안산문화예술의 전당 (경기도 안산시 고잔동)

계룡문화예술의 전당 (충남 계룡시 유동리)

대전문화예술의 전당 (대전시 서구 만년동)

안동문화예술의 전당 (경북 안동시 안흥동)

경주예술의 전당 (경북 경주시 황성동)

완도문화예술의 전당 (전남 완도군 완도읍)

세종문화회관 (서울 종로구 세종로)

양천문화회관 (서울 양천구 신정동)

군포시문화예술회관 (경기 군포시 산본동)

춘천문화예술회관 (강원 춘천시 효자동)

대구문화예술회관 (대구시 달서구 성당동)

대구북구문화예술회관 (대구시 북구 관음동)

울산문화예술회관 (울산시 남구 달동)

부산문화회관 (부산시 남구 대연동)

을숙도문화회관 (부산시 사하구 하단동)

거제문화예술회관 (경남 거제시 장승포동)

서울시립미술관 (서울 중구 서소문동)

서울대학교 미술관 (서울시 관악구 관악로1)

국립현대미술관 (경기도 과천시 막계동)

대전시립미술관 (대전시 서구 만년동)

대구미술관 (대구시 수성구 미술관로 40)

경남도립미술관 (경남 창원시 사림동)

부산시립미술관 (부산시 해운대구 우동)

광주시립미술관 (광주시 북구 운암동)

남산야외음악당 (서울 중구 회현동)

수원야외음악당 (경기도 수원시 인계동)

대구코오롱야외음악당 (대구시 달서구 두류동)

체험활동을 100배 즐기는 특별한 방법

1. 이번 체험활동은 무엇을 준비할까?

문화 공연을 위해 사전에 확인해야 할 것이 있다.

① 어린이 관람 가능 여부: 공연 내용과 장소에 따라 관람 가능 연령이 나누어져 있다. 간혹 이왕 들어왔으니 들여보내 달라거나, 어린이 관람 시간에 와서 시끄럽다고 항의하기도 한다. 꼭 관람 대상을 확인하자.

② 공연 시작 시간: 공연 시작 20분 전에 도착해서 화장실도 다녀오고, 팸플릿도 챙기는 여유가 있어야 한다. 종종 5분 늦게 도착해서 문을 열어 달라고 떼쓰기도 하는데 중간 휴식시간(인터미션)까지는 절대 문이 열리지 않으니 시간을 꼭 지키자.

③ 음식물의 반입 여부: 대부분의 공연장은 음식물 반입을 금지하고 있다. 하지만 어린이 관람의 경우 공연장에 따라 간단한 음료 정도는 가져갈 수 있기도 하다.

2. 체험활동을 알짜배기로 만드는 방법

(1) 이야기 나누기

- 우리가 보게 될 공연은...

공연 중에는 이야기를 나누는 것이 예의에 어긋난다. 그러나 어린이 관람의 경우 이해를 위한 귓속말 정도는 가능하다. 그렇다고 해서 자주 귓속말 하는 것은 예의가 아니다. 이는 미술관이나 전시관에서도 마찬가지이다. 크게 떠들면 타인의 작품 감상에 방해가 되기 때문이다.

우리가 보게 될 공연에 대한 이야기는 일찍 도착해서 팸플릿을 보며 미리 이야기 나누는 것이 좋다. 팸플릿을 통해 극의 내용도 파악하고, 등장하는 배우도 파악하는 등 사전 정보를 머리와 가슴에 담으면 된다.

- 우리가 본 공연은...

공연을 본 뒤에는 내용 중 이해가 가지 않았던 부분이나, 감동을 서로 나누자. 왜 저 사람이 쓰러졌었는지, 왜 아파했는지 등과 극 중에 등장한 노래에 대한 이야기 등을 나누면 된다.

(2) 직업 찾기

이곳에서는 다양한 분야의 공연기획자가 기획하여 올린 작품을 만날 수 있다. 공연기획자란 국내·외 공연시장동향과 대중의 기호 등을 조사하여 뮤지컬, 오페라, 연극, 콘서트 등 공연할 작품을 선정하는 사람을 말한다. 이들은 공연 일정과 장소를 결정하고, 예산을 책정하며, 출연배우 및 제작인력을 확정하는 등 총괄적인 일을 담당한다. 문화예술이 좋지만 예술인이나 연예인이 꿈이 아닌 친구들이 생각해 볼 직업들이다.

(3)정리하기

이번 체험활동 후에 작성하게 될 보고서는 '글과 그림으로 나타내는 보고서'이다. 이 작업을 위해서는 공연장에 준비되어 있는 팸플릿은 물론 도록이나 다양한 사진도 필요하다. 하지만 대부분의 공연장에서는 사진 촬영을 금지하고 있다. 이 경우 사진을 찍을 수 없다고 아쉬워만 하지 말고, 간단하게 스케치해 오도록 하자. 또 도록의 경우 너무 비싼 것을 사는 것보다 간단히 보고 즐길 수 있는 정도의 것을 선택하는 것이 유용하다.

3. 1석 2조의 체험 플러스

많은 사람이 모이고 예술 작품을 함께 감상하는 공연장에서는, 관람예절을 지켜 다른 사람들의 작품 감상에 방해가 되지 않아야 한다. 그럼 어떤 것들이 있는지 살펴보자.

① **사진 촬영은 NO:** 사진의 강한 빛은 미술품 등에 손상을 입힐 수 있고,

작품의 저작권 등을 고려하여 찍지 못하도록 하고 있다. 종종 카메라부터 들이미는 경우가 있는데 이는 타인을 배려하지 않는 행동이다. 간혹 사진 촬영을 허가하는 곳도 있지만 대부분의 경우 금지하고 있으니 사전에 안내표지판을 통해 꼭 확인하자.

② 휴대폰 끄기: 간혹 클래식 공연장에서 요란하게 울리는 핸드폰 벨소리로 음악에 대한 집중력이 깨지기도 한다. 공연 전 핸드폰을 꺼 달라는 안내가 나오지만 무심하게 여기거나 진동으로 돌리는 사람이 많다. 그래서 벨소리가 요란하게 울리기도 하고, 진동의 소음이 들리기도 한다. 심지어 전화를 받아 통화를 하는가 하면, 문자 확인은 물론 여러 차례의 답신이 오가기도 한다. 암전 상태에서 한 자리만 밝아지는 이유이다.

③ 그 외 예절: 옆 사람이 부스럭 거리는 소리에 공연에 방해가 되기도 하고, 신발 벗고 앉은 뒷사람으로 인해 산뜻하지 못한 공연장이 되기도 한다. 그리고 자신만을 위한 부채질로 타인의 공연관람이 불편하기도 하고, 자녀에게 끊임없이 설명하는 소리로 인해 소음 공해를 겪기도 한다. 내가 상대의 입장이 되어 공연만을 즐길 수 있도록 서로 배려해야 할 것이다.

창체 보고서 꼼꼼 가이드

글과 그림으로 나타내는 보고서

준비물: 필기도구, 잡지, 사진 등

체험 중 가장 기억에 남는 장면을, 그리고 체험의 경험과 느낌을 그림일기와 같이 간단히 글로 나타낸다.

에듀포인터 선생님의 진로 TIP

예술가가 되고 싶어요.

올해 초 예술의 전당에서는 쇼팽 콩쿠르의 입상자가 모두 한자리에 모인 공연이 열렸습니다. 2015년 쇼핑 국제피아노 콩쿠르 우승자가 우리나라 조성진 피아니스트였기에, 갈라 콘서트를 한국에서 연 것입니다. 1위부터 6위까지의 연주자가 고유한 스타일을 연주하는 것을 한자리에서 즐기는 영광을 누릴 수 있었던 거죠. 예술의 전당은 송년 공연으로 빠지지 않는 호두까기 인형 발레공연이나 각종 피아노 연주회 등 문화 공연을 즐길 수 있는 곳입니다. 공연을 보는 것만이 아니라 예술의 전당 무대의 주인공이 되고 싶은 친구들도 많겠지요?

관련분야 직업으로는 합창 지휘자, 기악지휘자, 작곡가, 연주자 등이 있고, 대학에는 관현악과, 성악과, 기악과, 피아노과, 작곡과 등이 있습니다. 일찍 자신의 진로를 결정하여 예술계 중고등학교로 진학하는 경우도 많고, 사설학원이나 개인레슨을 통해 교육을 받는 경우도 있어요. 음악가 중에는 이탈리아를 비롯해 유럽으로 유학을 다녀오는 경우도 많습니다.

문화에 대한 국민의 욕구가 커지면서 연주회 등 공연에 참여하는 관객도 늘고 있고, 지방자치단체나 기업들이 문화에 대한 관심이 높아지고 있어 음악가의 일자리 전망은 긍정적입니다. 작곡가의 경우 드라마, 영화, 연극, 무용, 뮤지컬 등으로 활동 영역이 넓어지고 있지요.

음악가는 생활의 많은 시간을 연습으로 보내며, 음악회가 주로 평일 저녁이나 주말에 열리기 때문에 야근이나 휴일 근무도, 지방이나 해외 공연으로 출장도 많습니다. 많은 사람을 행복하게 하는 예술가는 휴일도 없이 공연해도 자신이 좋아하는 예술을 하니 덩달아 행복하겠지요?

공장에서 받은 티켓이나
팸플릿의 그림을 활용해도 좋다.

문화를 즐긴 소감을 글과 그림으로
나타내되, 생각과 느낌도 함께 적는다.

공연장에 붙은 포스트를 사진에
담아 오는 것도 도움이 된다.

활동
보고서 Tip

1 동아리활동

· ·

동아리활동은 학교에서 조직한 동아리 중심의 활동을 말한다. 학술활동과 문화예술활동, 스포츠활동과 실습노작활동, 그리고 청소년활동 등이 해당된다.

학술활동은 교내나 교외에서 이루어지는 활동으로 외국어 회화, 과학탐구, 사회 조사, 신문 활용, 발명 등이 해당된다.

문화예술활동은 문예, 회화, 조각, 서예, 성악, 기악, 뮤지컬, 오페라, 연극, 영화, 방송, 사진 등이 해당된다.

스포츠활동은 구기운동, 육상, 수영, 체조, 인라인스케이트, 배드민턴, 씨름, 태권도, 검도, 택견, 무술, 하이킹, 야영 등이 해당된다.

실습노작활동은 요리, 수예, 재봉, 꽃꽂이, 재배, 조경, 설계, 목공, 로봇제작 등이 해당된다.

청소년단체활동은 컵스카우트, 걸스카우트, 청소년적십자, 우주소년단, 해양소년단, 누리단 등이 있다.

초등학교에서는 CA활동이란 이름으로 진행되는 예가 많으며 학교에 따라 학년마다 활동할 수 있는 프로그램이 다르게 운영되기도 한다. 중학교와 고등학교의 경우 교육과정 개편에 맞게 동아리란 이름으로 진행되며, 3년간 한 동아리에서 활동하도록 제도화한 학교가 많다. 그래서 동아리활동은 더 신중하게 선택하여야 하며 일회성이 아니기에 자신의 특기적성, 진로와의 연계, 단점 보완 등 여러 가지를 고려하여야 한다.

책 만들기 활동

합창부 활동

초등학교에서의 활동이 다양한 것을 경험하도록 하는 수단이 될 수 있다면, 중고등학교에서의 활동은 나를 만들어가는 활동이 되도록 하는 것이 좋다. 예를 들어 방송분야의 진로를 생각하는 학생이라면 방송반이나 학교에서 기자 등으로 활동하면 된다.

동아리활동은 다양한 체험을 할 수 있는 장이다. 동아리활동이 입학사정관제의 평가요소가 되면서 학생지원과 선발과정에서 중요성이 커지고 있다. 동아리활동의 구체적인 예를 살펴보자.

1. 나에게 맞는 동아리 찾기

동아리 선택의 기준

동아리 선택은 어떤 기준으로 하는 것이 좋을까? 대부분의 학생들이 친구나 선배들의 홍보, 그리고 이전의 경험을 바탕으로 동아리를 선정하게 된다. 그러다보니 한두 번 진행하고 나면 후회하게 되거나, 동아리 시간을 쉬는 시간 정도로 허비하게 된다. 이런 결과를 초래하지 않기 위해서는 다음과 같은 기준을 가지고 동아리를 선택하도록 하자.

첫째, 자신의 관심 분야나 봉사활동 등의 연계성을 고려하는 것이다. 자신의 꿈, 잘하는 것, 잘하고 싶은 것과 관련된 동아리를 선택하면 자신의 꿈에 한 발 더 다가가게 된다. 이런 선택은 지속성 측면에서 좋게 보일 수 있지만 혹여 모든 활동이 진로를 위한 수단으로 보일 수 있기 때문에 좋은 일만은 아니다.

둘째, 나의 특기와 적성을 살리는 방향으로 선택한다. 글로벌 인재가 갖추어야 할 요소로 예체능을 꼽는다. 평소 공부 때문에 예체능에 시간을 쏟기 힘들다면 동아리를 통해 자신의 리더십과 문화적 소양을 키우는 기회로 삼아도 좋다.

셋째, 다양한 경험을 쌓는 기회로 삼는 것이다. 초등생의 경우 하고 싶은 여러 가지를 매년 하나씩 선택하여 경험함으로써 자신이 꾸준히 하고픈 것을 찾는다.

넷째, 만약 내가 하고 싶은 동아리가 없다면 친구들과 함께 새로운 동아리를 만들어도 좋다. 단 지도 교사를 두어야 하기 때문에 초등학교에서는 새로운 동아리를 만들기가 쉽지 않다.

동아리활동의 기록

동아리활동의 과정과 결과는 상세히 기록해 두자. 동아리를 선택하게 된 동기와 참여프로그램명, 활동내용 및 소감 등을 꼼꼼하게 기록하고, 첫 시간의 나눔 그리고 동아리를 통해 얻기를 바라는 목표를 기록하자. 이런 자료는 자신을 나타내는 근거 자료가 될 수 있으니 체계적이고 지속적으로 기록한다.

학교에서 조직한 동아리에 지속적으로 참여하여 활동한 후 구체적인 활동 내용과 소감을 기록한다. 본인이 가진 특기나 적성, 흥미와 관심사 등을 관련지어 작성하고 동아리의 취지나 목적과 관련된 구체적인 활동 내용을 제시한다. 활동했던 분야에서 새롭게 배우게 된 내용을 중심으로 기록하며 동아리활동 전후로 느끼고 깨달은 점, 달라진 점 등을 솔직하게 작성한다. 참여한 동아리활동명, 활동기간, 담당 교사, 동아리 인원수, 활동 장소, 첨부파일, 참여 동기 및 목적, 참여 프로그램 내용 및 소감 등을 기록한다.

동아리활동을 위한 운영계획을 미리 수립하여 활동하고 그 결과에 대한 느낌과 반성을 기록하는 것이 좋다. 동아리활동을 통해 자신의 적성과 소질, 잠재된 능력과 관심분야에 대한 노력정도, 타인과의 교류능력, 참여도와 성실성 등이 평가됨을 염두하고 작성한다. 단순한 활동이나 실적의 나열보다는 동아리활동 경험이 본인의 학교생활이나 성장에 어떤 영향을 주었고 나의 적성과 소질 혹은 진로나 관심분야에 어떻게 연결되는지 연관 지어 작성하는 것이 좋다. 동아리활동에서 리더십 발휘, 다른 사람과의 교류활동, 공동의 목표를 위한 협동이 어떻게 이루어졌는지 나타내는 것이 좋다.

동아리 실적이 뛰어나거나 겉으로 드러나지 않더라도 동아리 운영 여건과 환경에 비추어 노력한 것을 적극적으로 기록한다. 동아리활동과 관련된 교외 대회에 참가한 경우 구체적인 수상내용은 기록하지 않는다. 그 대신 대회를 준비하면서 자신에게 미친 변화와 영향, 어려웠던 점과 그것을 어떻게 극복했는지 등에 대해 기술한다. 동아리에서 자신의 역할은 무엇이며 그 역할을 통해 자신의 능력을 어떻게 발휘했고 무엇을 배웠는지를 기록하는 것이 좋다.

2. 학술활동 동아리

외국어 회화, 과학탐구, 사회 조사, 탐사, 다문화 탐구, 컴퓨터, 인터넷, 신문 활동, 발명 등

동기는 이 동아리를 선택하게 된 동기 외에
활동내용과 관련된 동기를 기록해도 좋다.

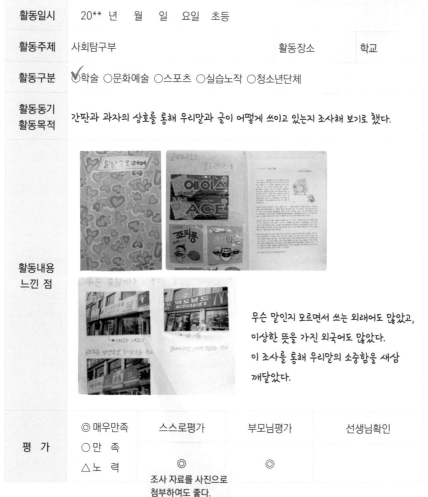

활동일시	20** 년 월 일 요일 초등		
활동주제	사회탐구부	활동장소	학교
활동구분	✓학술 ○문화예술 ○스포츠 ○실습노작 ○청소년단체		
활동동기 활동목적	간판과 과자의 상호를 통해 우리말과 글이 어떻게 쓰이고 있는지 조사해 보기로 했다.		
활동내용 느낀 점	무슨 말인지 모르면서 쓰는 외래어도 많았고, 이상한 뜻을 가진 외국어도 많았다. 이 조사를 통해 우리말의 소중함을 새삼 깨달았다.		

평 가	◎ 매우만족 ○ 만 족 △ 노 력	스스로평가 ◎ 조사 자료를 사진으로 첨부하여도 좋다.	부모님평가 ◎	선생님확인

3. 문화예술 동아리

문예, 창작, 회화, 조각, 서예, 전통예술, 현대예술, 성악, 기악, 뮤지컬, 오페라, 연극, 영화, 방송, 사진, 독서토론 등

> 활동구분은 '자율활동*동아리활동* 봉사활동*진로활동'으로 구성할 수도 있고, 아래와 같이 동아리활동만으로 할 수 있다.

활동일시	20** 년 월 일 요일 초등		
활동주제	바이올린	활동장소	학교
활동구분	✓학술 ○문화예술 ○스포츠 ○실습노작 ○청소년단체		
활동동기 활동목적	지난해에는 해양소년단을 했다. 그런데 올해는 학교 안에서 하는 활동을 하고 싶어서 이것저것 살펴보았다. 음악을 좋아하기 때문에 바이올린부가 눈에 들어왔다. 마침 방과 후에 바이올린을 배우고 있는데 연습이 부족해서 이 반을 하면 좋겠다고 생각했다.		
활동내용 느낀 점	바이올린부에서 요즘 요한 파헬벨의 캐논을 연습하고 있다. 우리 부는 모두 5명이다. 그런데 5명의 실력이 모두 제각각이다. 요한 파헬벨은 독일 뉘른베르크에서 출생한 바로크 시대의 작곡가이다. 요한 파헬벨이란 이름은 들어본 적이 없던 이름인데 그 시대에는 잘 알려진 음악가였다고 한다. 우리가 연주하는 캐논은 아직은 부족함이 많다. 활을 길게 못 써서 좋은 소리가 나지 않기도 하고, 어떤 친구는 립싱크처럼 활을 연주하는 척만 하기도 한다. 그렇지만 이렇게 한 곡 한 곡 알아가는 것이 재미있다.		

평 가	◎ 매우만족 ○ 만 족 △ 노 력	스스로평가	부모님평가	선생님확인
		◎	◎	

> 활동내용에는 당일 진행되었던 것 외에도 따로 조사한 내용 등을 담는다.

내가 선택한 것이 아니더라도
그것을 하게 된 동기를 기록해 둔다.

활동일시	20** 년 월 일 요일 초등
활동주제	영화감상부 　　　　　　　　활동장소 　　학교
활동구분	○학술 ✓문화예술 ○스포츠 ○실습노작 ○청소년단체
활동동기 활동목적	오늘은 지난 시간 투표에서 정한 〈박물관이 살아있다〉를 시청하기로 했다.

활동내용 느낀 점	영화를 보면서 '어떻게 저런 생각을 했을까?'하고 감탄했다. 박물관의 모든 것들이 밤이 되면 생명력을 갖고 살아난다는 것은 정말 대단한 생각이다. 〈트랜스포머〉를 볼 때도 대단하다고 생각했었는데 〈박물관이 살아있다〉는 〈트랜스포머〉보다 /년 먼저 나왔다고 한다. 그래서 나도 영화를 보는 내내 주변의 것들을 무심히 보지 말고, 새로운 생각들을 하며 살아야겠다고 생각했다.

평 가	◎ 매우만족 ○ 만 　족 △ 노 　력	스스로평가 ◎	부모님평가 ◎	선생님확인

영화 포스터 등은 인터넷 영화 정보를
통해 다운 받을 수 있다.

활동일시	20** 년 월 일 요일 초등		
활동주제	합창부	활동장소	학교
활동구분	○학술 ✔문화예술 ○스포츠 ○실습노작 ○청소년단체		
활동동기 활동목적	정기 공연 '작은 음악회' 연습		
활동내용 느낀 점	우리 학교의 전통 가운데 하나가 지역 분들을 위한 작은 음악회를 여는 것이다. 나는 노래에 관심이 많다. 잘 부르는지는 모르겠지만 성악을 하면 마음도 차분해져서 좋다. 그래서 취미생활을 할 겸해서 합창부를 들었다. 이 시간이 아니면 노래를 부를 시간이 없을 것 같아서. 다음 주에 있을 정기 공연 때문에 요즘 연습이 한창이다. 나는 친구와 듀엣을 하기로 했다. 화음 맞추는 게 어렵기는 하지만 나보다 잘 하는 친구에게 누가 되지 않으려고 열심히 연습한다. 우리 학교 선배 중에는 고등학교에 들어와서 처음 성악을 배워 좋은 대학에 합격한 사람도 있다. 그래서 합창부가 자랑스럽고 지역 분들께 좋은 음악을 들려주니 더 자랑스럽다. 내 꿈이 성악가는 아니지만 내가 하고 싶은 취미도 즐기고, 나의 재능으로 지역 주민을 위해 봉사도 할 수 있어 좋다.		

평 가	◎ 매우만족 ○만 족 △노 력	스스로평가	부모님평가	선생님확인
		◎	◎	

진로와 관련이 없는 활동이더라도, 자신의 무엇을 위한 활동인지 드러나도록 글을 쓴다.

4. 스포츠활동 동아리

　구기운동, 육상, 수영, 체조, 배드민턴, 인라인스케이트, 하이킹, 야영, 민속놀이, 씨름, 태권도, 택견, 무술, 무용, 스포츠댄스, 에어로빅 등 다양한 신체활동으로 스포츠 역량을 강화시키는 활동이다.

활동일시	20** 년　월　일　요일　초등			
활동주제	축구부		활동장소	학교
활동구분	○학술 ○문화예술 ✔스포츠 ○청소년단체			
활동동기 활동목적	관악구 관내 초등학교 대항전			
활동내용 느낀 점				
평　가	◎ 매우만족 ○ 만　족 △노　력	스스로평가 ◎	부모님평가 ◎	선생님확인

사진만으로도 활동 보고서를
대신할 수 있다.

활동일시	20** 년 월 일 요일 초등		
활동주제	검도부	활동장소	학교
활동구분	○학술 ○문화예술 ✔스포츠 ○청소년단체		
활동동기 활동목적	특기 발표회에서.		

사진만으로도 활동 보고서를
대신할 수 있다.

활동내용
느낀 점

검도부에 들었다. 죽도를 들고 하는 머리치기, 막음세 등 여러 동작을 배웠다.
가을에 학교 운동장에서 공연을 했다.
그런데 키가 너무 작아서 내가 검을 든 건지, 검이 나를 든 건지 모르겠다고
어른들이 웃으셨다. 얼른 커야겠다.

평 가	◎ 매우만족 ○ 만 족 △ 노 력	스스로평가	부모님평가	선생님확인
		◎	◎	

5. 실습노작활동 동아리

　요리, 수예, 재봉, 꽃꽂이, 재배, 설계, 목공, 로봇제작 등 학생이 직접 배운 이론을 적용하여 실제로 만들어 보는 활동이다.

활동일시	20** 년 월 일 요일 초등			
활동주제	수예부		활동장소	학교
활동구분	○학술 ○문화예술 ○스포츠 ✓실습노작 ○청소년단체			
활동동기 활동목적	평소 십자수에 관심이 있어서 열쇠고리랑 핸드폰고리 등을 직접 만들고 싶어서 가입했다.			
활동내용 느낀 점	십자수가 좋아서 수예부를 들기는 했지만 작년처럼 이것저것 할 수 있을 줄 알았는데, 올해는 십자수만 한다고 하니까 조금 실망스러웠다. 그리고 수예부는 만들 때마다 재료비를 내야하기 때문에 생각보다 비용이 많이 들었다. 내가 직접 만든 작품 하나가 탄생하는 것은 좋지만 매번 재료비를 내야하니까 부담이 되기는 했다. 다음에 부서를 소개할 때 일 년 활동을 참고할 수 있도록 보여 주었으면 하는 생각도 했다.			
평　가	◎ 매우만족 ○ 만　족 △ 노　력	스스로평가 ◎	부모님평가 ◎	선생님확인

동아리의 좋은 점뿐 아니라
아쉬운 점 등도 함께 기록해 두자.
그래야 다음에 같은 실수를 하지 않을 수 있다.

활동일시	20** 년 월 일 요일 초등		
활동주제	과학동아리	활동장소	학교
활동구분	○학술 ○문화예술 ○스포츠 ✓실습노작 ○청소년단체		
활동동기 활동목적	– /학년 때 학교 대표로 나간 로봇대회에서 대상을 받아서 자동적으로 과학동아리에 가입하게 되었다. – 대회를 위한 프로그램 연습		
활동내용 느낀 점	로봇 조립과 로봇대회 실습 연습이 주된 활동이다. 매년 새로운 로봇을 사야 해서 로봇에 적응하는 시간도 필요하고, 새 프로그램도 필요하고, 그만큼 더 많은 연습을 해야 한다. 아무 생각 없이 대회에 나갔다가 대상을 받아서 좋기도 하지만 부담도 있다. 로봇대회에서 가장 중요한 것은 건전지와 오차이다. 어떤 건전지를 사용하는가에 따라 오차의 범위가 달라진다. 오차를 줄이기 위해서는 항상 새 배터리를 사용하는 것이 좋다. 그러기 위해서는 충전지가 필요하며, 다량의 충전지를 미리 충전해 놓아야 한다. 하지만 실제 대회에서 배터리를 계속 바꿔 낄 수는 없기에 두 번 사용할 때의 오차도 계산해야 한다. 처음 시합에 나가기 위해 연습을 할 때는 오차표를 만들지 않았었다. 그런데 연습을 하다 보니 기록표가 있어야 오차를 줄일 수 있다는 것을 깨닫고 작성하기 시작했다.		
평 가	◎ 매우만족 ○ 만 족 △노 력	스스로평가 ◎	부모님평가 ◎	선생님확인

활동 내용을 보다 자세히 적으면
다음 활동에 도움이 되며, 자기소개서를
쓸 때에도 도움이 된다.

6. 청소년단체활동

청소년단체활동은 다른 동아리와 다르게 수업이 지정된 수업 외에도 활동이 이어지며, 컵스카우트연맹, 걸스카우트연맹, 청소년연맹, 청소년 적십자, 우주소년단, 해양소년단 등이 있다.

활동일시	20** 년 월 일 요일 초등			
활동주제	발명영재단		활동장소	학교
활동구분	○학술 ○문화예술 ○스포츠 ○실습노작 ✓청소년단체			
활동동기 활동목적	지난해에 있어 청소년단체활동을 하게 되었다.			
활동내용 느낀 점	우리 학교에는 컵스카우트, 걸스카우트, 해양소년단, 발명영재단이 있다. 이 가운데 컵스카우트를 하고 싶었는데 여자는 들어올 수 없다고 해서 발명영재단에 들어갔다. 지난해에는 우주소년단이었는데 교장선생님이 바뀌면서 발명영재단으로 바뀌었다. 하지만 활동계획표를 보니 우주소년단과 비슷한 활동을 하는 것 같다. 올해 기대되는 것은 해양소년단과 함께 가는 금강산 여행이다. 선생님께서 금강산은 북한에 있어서 갈 수 있을지 없을지는 정확하지 않다고 말씀하셔서 아쉽기는 했다. 올 한 해 활동이 기대된다.			
평 가	◎ 매우만족 ○ 만 족 △ 노 력	스스로평가 ◎	부모님평가 ◎	선생님확인

활동일시	20** 년 월 일 요일 초등		
활동주제	과학동아리	활동장소	학교
활동구분	○학술 ○문화예술 ○스포츠 ○실습노작 ✓청소년단체		
활동동기 활동목적	단체 활동을 경험하기 위해 해양소년단에 가입하였다.		

활동내용
느낀 점

평 가	◎ 매우만족 ○ 만 족 △ 노 력	스스로평가	부모님평가	선생님확인
		◎	◎	

매일 작성하기 어렵다면 학기별로 묶어서
기록해도 좋다. 단 활동계획표와 사진 등을
잘 보관해 두어야 기록할 내용을 떠올릴 수 있다.

봉사활동 ──┐ 2 ┌──

· ·

봉사활동이란 나눔과 배려를 바탕으로 한 자발적 무보수 활동이다.

봉사활동을 단순히 시간을 이수하기 위해 하는 활동으로만 치부하는 것
은 올바른 활동이 아니다. 단순히 시간을 채우기 위한 활동이나, 반짝 이벤
트성 해외 봉사는 올바른 봉사로 평가하지 않는다.

봉사활동을 함에 있어 갖추어야 할 것이 있다. 타인을 배려하는 마음과 더
불어 사는 공동체 의식, 함께 협력하는 협동정신 등을 길러야 한다.

그러기 위해서는 지역사회와 사회적 역할 등에 관심을 가지고 참여하여
야 한다.

채워야 할 봉사활동의 일부를 학교에서 실시하고 있다. 하지만 이런 봉사
는 자발성이 결여되어 있다.

봉사활동은 자원봉사의 의미보단 봉사를 배우고 익히는 과정인 봉사학습
으로 보면 된다.

청소년시기에 봉사활동에 대한 교육과 경험을 통해 봉사를 비우고 익혀, 성인이 되었을 때 마음속의 봉사를 행동의 봉사로 보여줄 수 있는 자발성을 부여하기 위한 학습의 과정인 것이다.

그러나 입학사정관들이 요구하는 봉사활동은 시작 동기부터 활동내역 그리고 활동하면서 느낀 점 등이 진로나 전공과의 연결성이 있는 것을 선호한다. 따라서 봉사활동은 자신의 가치관이나 진로와 연계될 수 있는 것을 선택하여 꾸준히 하는 것도 좋다.

바람직한 봉사활동은 자신의 진로와 연관되는 봉사활동, 나눔과 배려가 엿보이는 봉사활동, 일관된 봉사활동 등이다. 즉, 이리저리 옮겨 다니며 이것저것 다 하는 봉사활동이 아니라 학생이 인식하고 느끼는, 진정성이 엿보이고 꾸준한 봉사활동이다.

- 봉사활동은 양과 질 모두 중요

여러 장소를 자주 옮겨 다니는 봉사활동보다 한 장소에서 꾸준히 실천하는 봉사활동이 높은 점수를 받는다.

국내와 해외, 이곳저곳을 옮겨 다니며 채운 많은 시간보다 한 곳에서 꾸준히 채운 시간이 더 높은 점수를 받는다.

1. 나에게 맞는 봉사활동 찾기

- 봉사활동 어디에서 찾을 수 있나
  서울시립 청소년활동진흥센터
  청소년자원봉사활동정보서비스

교외에서 초등학생 대상 봉사활동을 찾는 곳은 드물다. 다만 고아원, 양로원 등의 경우 개별이 아닌 단체 또는 가족봉사를 받는 곳은 많으니 반드시 확인하자.

자신의 진로와 연계한 봉사활동을 고르라고 하지만 그런 봉사를 찾기란 쉽지 않다. 이럴 때에는 자신이 할 수 있는 일을 찾되 꾸준히 하여야 한다.

2. 교내 봉사활동

학습부진 친구, 장애인, 병약자, 다문화가정 학생 돕기, 친구들의 도우미 되기 등을 들 수 있다. 이런 활동들도 모두 기록하여야 의미가 있다.

아래와 같은 양식으로 구성하여도 좋고,
일기 형식으로 기록하여도 좋다.

활동일시	20** 년 월 일 요일 초등			
활동주제	교내봉사		활동장소	교내
활동구분	○자율활동 ○동아리활동 ☑봉사활동 ○진로활동			
활동동기 활동목적	친구 돕기			
활동내용 느낀 점	우리 반에는 어릴 때부터 병을 앓아서 조금 모자란 친구가 있다. 이 친구는 매일 다른 교실로 이동해서 수업을 받는다. 그래서 우리 반에서 4명의 도우미를 뽑아 일주일씩 이동시키기로 했다. 나도 그중 한 명으로 뽑혔다. 처음엔 나를 비롯한 친구들이 조금 억울하고 귀찮다는 생각을 했다. 그래서 화도 나고 했는데 친구가 아주 착해서 그런 생각한 내가 미안해졌다.			
평 가	◎ 매우만족 ○ 만 족 △ 노 력	스스로평가 ◎	부모님평가 ◎	선생님확인

활동내용에는 당일 진행되었던 것 외에도
따로 조사한 내용 등을 담는다.

활동일시	20** 년 월 일 요일 초등
활동주제	교내 봉사　　　　　　　　　　　　活動장소　　　교내
활동구분	○자율활동 ○동아리활동 ✔봉사활동 ○진로활동
활동동기 활동목적	학교에서 9월 고용일에 있을 종합체육대회를 위해 학교 청소 봉사활동이 있었다.
활동내용 느낀 점	우리 반에 배정된 곳은 운동장 스탠드였다. 우리 학교는 여상과 여고, 그리고 중학교가 한곳에 있어서 운동장도 다른 학교들보다 넓고 스탠드도 ㄱ자로 길게 뻗어있다. 스탠드 청소는 별로 어려운 일은 아니었다. 떨어진 쓰레기를 줍고, 먼지를 쓸어내리는 정도였다. 친구들 가운데 바람 불면 또 쓰레기가 쌓일 텐데 왜 청소하는지 모르겠다고 투덜대는 친구도 있었다. 그래서 내가 '내일도 밥 먹을 건데 오늘 뭐 하러 먹어?'라고 해서 친구들이 웃었다. 스탠드 정리를 하라고 했을 때는 나도 귀찮고 그랬는데 친구들과 이야기를 하다 보니 내일로 미룰 수도 없고, 누군가는 해야 하는 일이었다. 봉사란 그런 것 같다. 누군가는 해야 하지만, 누구나가 꺼리는 일을 하는 것, 그것이 봉사인 것 같다. 교내 봉사를 하면서 봉사의 의미를 찾았다.

평 가	◎ 매우만족 ○ 만 족 △ 노 력	스스로평가 ◎	부모님평가 ◎	선생님확인

봉사에 관한 글을 쓸 때에는 봉사의 내용보다
봉사를 통해 느낀 점을 구체적으로 쓸 수 있도록 한다.

3. 지역사회 봉사활동

복지시설, 공공시설, 병원, 농·어촌 등에서의 일손 돕기 등

불우이웃돕기, 고아원, 양로원, 병원, 군부대에서의 위문 활동 등

재해 구호, 국제 협력과 난민 구호 등

초중고생을 대상으로 하는 곳은 불우이웃돕기, 고아원, 양로원 정도이다.

이 경우에 개별적으로는 받지 않는 곳이 많으니 확인해야 한다.

지역의 문화를 지키고 보호하는 봉사활동도 좋다.

활동일시	20** 년 * 월 * 일 * 요일 　 (초등)			
활동주제	지역사회 봉사활동		활동장소	경로당
활동구분	○자율활동 ○동아리활동 ✔봉사활동 ○진로활동			
활동동기 활동목적	친구들과 경로당 청소를 하기로 했다.			
활동내용 느낀 점	친구들과 경로당 청소 봉사를 갔다. 할머니 할아버지들께서 바둑도 두시고, 화투도 치고 계셨다. 바닥 청소도 하고, 걸레로 깨끗하게 닦아 드렸다. 한 시간 정도 청소했다고 생각했는데, 30분밖에 안 지나있었다. 청소가 생각보다 힘들었다. 할머니들께서 이래라 저래라 하셔서 더 그랬던 것 같다. 그래도 다 끝나고 나서 착하다는 칭찬을 들으니 기분이 매우 좋았다. 이래서 사람들은 봉사를 하는 것 같다.			
평 가	◎ 매우만족 ○ 만 족 △ 노 력	스스로평가 ◎	부모님평가 ◎	선생님확인

좋은 일만 쓰는 것이 아니다.
그렇지 않은 일도 기록하여
생각이 클 수 있게 한다.

활동일시	20** 년 * 월 * 일 * 요일　(초등)		
활동주제	지역사회 봉사활동	활동장소	우리 고장
활동구분	○자율활동 ○동아리활동 ✔봉사활동 ○진로활동		
활동동기 활동목적	문화재에 관심이 많아서 우리 지역 문화를 살펴보는 봉사활동을 하기로 마음먹었다.		
활동내용 느낀 점	내가 사는 지역에는 고려시대 명장이었던 강감찬 장군의 생가와 삼성산의 성지 등 여러 유적이 있다. 그래서 지역의 유적을 알리고 깨끗하게 하는 봉사활동을 하기로 했다. 같이 하는 친구들과 함께 봉사 계획을 세웠다. 우선 지역 문화재 한 곳을 찾아 그곳의 문화체험을 한다. 그리고 쓰레기 줍기 등의 청소활동을 하고, 경험을 글로 써서 지역 신문사에 보낸다. 그래서 모일 때 청소를 할 수 있는 비닐장갑과 비닐봉투 그리고 필기도구를 함께 가지고 가기로 했다. 오늘이 봉사모임 첫 날이라 직접 밖에 나가 청소를 하지는 않았지만 계획을 세운 것만으로도 기분이 뿌듯하다.		

평 가	◎ 매우만족 ○ 만　족 △ 노　력	스스로평가	부모님평가	선생님확인
		◎	◎	

봉사는 몸으로 움직인 봉사뿐만 아니라
계획한 내용도 함께 기록해 둔다.

4. 자연환경 보호활동

깨끗한 환경 만들기, 자연보호, 식목활동, 저탄소생활 습관화 등

공공시설물, 문화재보호 등

백화점과 할인마트 등에서 그린 활동과 같이 지구를 푸르게 하는 활동을

하고 있다.

활동일시	20** 년 * 월 * 일 * 요일　(초등)			
활동주제	자연환경 보호활동		활동장소	홈플러스
활동구분	○자율활동 ○동아리활동 ✓봉사활동 ○진로활동			
활동동기 활동목적	e파란 어린이 환경실천단 활동을 시작하다.			
활동내용 느낀 점	엄마가 e파란 어린이 환경실천단에 신청을 하셨다. 그래서 나는 e파란 어린이 그린리더가 되었다. 3번에 걸친 수업을 받게 되는데 1주에는 돌고 도는 생명의 그물이라는 제목으로 먹이피라미드 게임으로 생태계를 알아보는 수업을 한다. 2주에는 도시 숲 기후여행을 제목으로 숲과 친해지는 기후변화 생태놀이를 한다. 3주에는 신나는 CO2 다이어트라는 제목으로 녹색소비를 실천하는 친환경 소비게임을 한다. 다양한 게임으로 녹색 환경 수업도 하고, 개근하면 봉사활동증도 준다고 해서 벌써부터 기대가 된다.			
평　가	◎ 매우만족 ○ 만　족 △ 노　력	스스로평가 ◎	부모님평가 ◎	선생님확인

자신이 기획한 봉사가 아니라, 기관 등을 통해 봉사를
하는 것도 좋다. 봉사는 직접 행동으로 옮기는 것 만이라고
생각할 수 있지만 그것과 관련된 것을 배우는 것도 봉사가 될 수 있다.

활동일시	20** 년 * 월 * 일 * 요일 (중등)		
활동주제	자연환경 보호활동	활동장소	관악산
활동구분	○자율활동 ○동아리활동 ✓봉사활동 ○진로활동		
활동동기 활동목적	산도 즐기고, 봉사도 하고 /석 2조의 활동을 하다.		
활동내용 느낀 점	관악산 자연보호 봉사활동을 다녀왔다. 아파트 부녀회에서 알린다고 방송이 나와서 그냥 봉사를 하러 갔다. 봉사 시간도 채워야 하고, 봉사할 다른 곳을 찾지 못해서 친구와 함께 갔다. 등산로를 따라 걸으며 등산객이 버리고 간 담배꽁초와 비닐봉지 그리고 휴지와 쓰레기 등을 수거하는 자연보호 봉사활동을 했다. 그런데 생각보다 쓰레기가 많아서 마음이 좋지는 않았다. 우리가 봉사로 휴지를 줍는 걸 보면서도 버리시는 분도 있어서 화가 좀 났다. 봉사를 하면서 나는 휴지를 함부로 버리지 말아야겠다는 생각을 했다. 그리고 가져간 것은 쓰레기로 변해도 다시 가져가는 시민 정신을 길러야겠다고 생각했다. 아무튼 운동할 시간이 부족했는데 이렇게 봉사를 하니 운동도 되고 봉사도 되어 /석 2조로 좋았다.		
평 가	◎ 매우만족 ○ 만 족 △ 노 력	스스로평가 ◎	부모님평가 ◎	선생님확인

봉사를 하며 느낀 점을 기록하고,
그것을 다른 활동으로 연결시켜보는 것도 좋다.

5. 캠페인활동

공공질서, 교통안전, 학교 주변 정화, 환경보전, 헌혈, 각종 편견극복 등에
대한 캠페인활동 등

활동일시	20** 년 * 월 * 일 * 요일　(초등)			
활동주제	교통안전 캠페인활동		활동장소	학교 앞 도로
활동구분	○자율활동 ○동아리활동 ✓봉사활동 ○진로활동			
활동동기 활동목적	학교에서 포돌이로 활동 중이라서 교통안전 캠페인을 하게 되었다.			
활동내용 느낀 점	나는 우리 학교의 포돌이다. 나와 같은 포돌이가 5명 더 있다. 우리는 오늘 '교통안전! 나 먼저!' '교통안전은 우리 모두' '너도 나도 교통안전' 등의 교통안전에 대한 글이 쓰여 있는 여러 가지 피켓을 들고 학교 앞 횡단보도로 갔다. 선생님들과 함께 횡단보도 앞에 길게 서서 교통안전을 외쳤다. 처음엔 굉장히 창피했는데 하다 보니까 재미가 있었다. 그래서 우리끼리 쳐다보며 웃었다. 다른 사람들이 보는 곳에서 봉사하는 게 쑥스럽고 창피해서 하기 싫었는데, 지나가시던 어른들께서 흐뭇하게 쳐다봐 주시고 칭찬해 주셔서 어깨가 으쓱해지고 기분이 좋아졌다.			
평 가	◎ 매우만족 ○ 만　족 △ 노　력	스스로평가 ◎	부모님평가 ◎	선생님확인

> 봉사할 때의 기분과 봉사 한 후의
> 느낌 등을 함께 기록한다.

활동일시	20** 년 * 월 * 일 * 요일 　(고등)		
활동주제	실종아동 찾기 캠페인활동	활동장소	어린이대공원
활동구분	○자율활동 ○동아리활동 ✓봉사활동 ○진로활동		
활동동기 활동목적	어린이날의 뜻 깊은 일이 될 것 같아서 참여하기로 했다.		
활동내용 느낀 점	실종 아동 찾기 캠페인이 있다는 이야기를 들었다. 어린이날의 뜻 깊은 일이 될 것 같아서 캠페인에 참여하기로 하였다. 왜 5월 5일에 실종 아동 찾기를 할까 여쭤보니 오늘이 어린이 날이면서 세계 실종 아동의 날이기 때문이라고 하셨다. 우리는 두 팀으로 나뉘었다. 한 팀은 어린이대공원을 찾은 사람들에게 실종 아동 찾기 팸플릿을 나눠 주며 실종 아동 찾기를 알리는 것이고, 다른 한 팀은 미아 예방을 홍보하는 것이었다. 그런데 사람들이 생각보다 관심을 보이지 않아서 조금은 당황스러웠다. 우리가 나눠 주는 팸플릿을 받지 않을 뿐 아니라 받을 것을 길에 바로 버려서 마음이 좋지 않았다. 사실 나도 그동안 실종 아동 찾기 같은 것에 관심이 없었는데 봉사를 하면서 관심을 가져야겠다는 생각을 했다.		
평 가	◎ 매우만족 ○ 만　족 △ 노　력	스스로평가 ◎	부모님평가 ◎	선생님확인

봉사를 하며 알게 된 것과 느낀 것,
그리고 자신에게 생긴 변화 등을 기록한다.

6. 재능 기부

봉사는 가진 자만이 하는 것이 아니다. 자신이 가진 재능을 타인을 위해 쓰는 봉사도 있다.

활동일시	20** 년 * 월 * 일 * 요일 (초등)		
활동주제	아우인형 만들기	활동장소	집
활동구분	○자율활동 ○동아리활동 ◐봉사활동 ○진로활동		
활동동기 활동목적	국제봉사활동을 하기 위해	봉사의 과정을 순서대로 정리하면 된다.	
활동내용 느낀 점	6학년의 추억을 만들고, 세계의 어린이들을 돕기 위해 반 친구들과 함께 아우인형을 만들기로 했다. 선생님께서 알려주신 재료를 챙겨왔다. 그리고 선생님의 지도에 따라 아우인형을 만들기 시작했다. 우선 바디를 만들었다. 나는 엄마께서 챙겨주신 아버지 런닝으로 아우인형의 바디를 만들었다. 바느질이 생각보다 어려웠다. 그리고 옷을 만들어야 하는데 시간이 너무 많이 걸려서 결국 집에서 완성해 오기로 했다. 집에서 옷을 만드느라 낑낑 거렸더니 엄마께서 도와주셨다. 집에 있는 안 입는 애기 한복으로 예쁜 한복을 만들어 입혔다. 학교에 가져가서 출생증명서를 작성했다. 이름은 내 이름과 비슷하게 유정, 출생지는 나와 같은 대한민국, 생년월일은 완성한 날인 12월 20일. 이렇게 작성하고 모두 모아서 유네스코에 보냈다. 이 아우인형은 하나에 3만원씩에 판매된다고 한다. 내 인형도 세계 어린이를 위해 얼른 팔렸으면 좋겠다.		
평 가	◎ 매우만족 ○ 만 족 △ 노 력	스스로평가 ◎	부모님평가 ◎

평 가 행의 마지막 열: 선생님확인

활동일시	20** 년 * 월 * 일 * 요일 (중등)

활동주제	재능 기부	활동장소	병원

활동구분	○자율활동 ○동아리활동 ✓봉사활동 ○진로활동

활동동기 활동목적	내가 가진 재능으로 봉사를 하기 위해

활동내용 느낀 점	우리는 병원을 돌며 연주로 봉사를 하는 클래식 봉사단이다. 우리 팀의 구성은 바이올린과 플루트 그리고 피아노와 첼로이다. 나는 플루트를 담당하고 있다. 여러 가지 악기가 모여 소리를 내는데 사실 연습 시간이 많지 않다. 그래서 늘 좋은 음악을 들려주지 못하는 것 같아서 미안한 마음이 있다. 그래서 봉사를 하면서도 마음이 편하지 않을 때가 있다. 연습이 충분하다면 그런 마음이 없을 텐데... 그래서 늘 다음에는 더 많은 연습을 하겠다고 다짐한다. 하지만 오늘도 부족한 실력으로 무대에 올랐다. 무대라고 거창한 곳이 아니라 병원 로비 한쪽이지만 그래도 우리의 음악을 통해 마음의 행복을 느끼고, 평안을 얻을 수 있기를 바란다.

평 가	◎ 매우만족 ○ 만　족 △노　력	스스로평가 ◎	부모님평가 ◎	선생님확인

봉사할 때의 마음가짐을
기록해도 좋다.

3 ─ 진로활동

· ·

진로탐색활동은 비전을 찾아 떠나는 여행이다. 내가 무엇을 원하는지, 무엇을 싫어하는지, 어떤 일을 잘 하는지 등을 살피는 여행이다.

知彼知己 百戰不殆(지피지기 백전불태)

우리가 '지피지기면 백전백승'이라고 많이 알고 있는 말이다. 이는 [손자병법]에 나오는 말로 적과 아군의 실정을 잘 비교 검토한 후 승산이 있을 때 싸운다면 백 번을 싸워도 결코 위태롭지 않다는 뜻이다. 싸우지 않고 이기는 것이 가장 이상적인 전략이라고 말하는 손자는 손실을 줄이는 것이 승리라 서술하였다. 이 이야기는 전쟁에서만 통하는 것이 아니다. 직업에서도 통한다. 내가 어떤 일을 해야 행복하게 할 수 있을까를 고민한다면 나와 직업 두 가지를 모두 제대로 알아야 한다. 그리고 그 길을 걸어갈 때 손실이 적다면 그만큼 빨리 성공을 할 수 있다는 이야기가 된다.

하지만 성장기의 학생들은 꾸준히 일관된 진로목표를 갖기가 쉽지 않다. 아직 뚜렷한 목표나 꿈이 없는 경우도 상당수다. 그렇기 때문에 부모들은 자녀의 진로에 대해 고민이 더 많을 수밖에 없다.

그저 대학에 가야한다고 생각하는 학생이 공부하는 것과 어느 대학 어느 과에 가서 어떤 공부를 하고 어떤 사람이 되어야 하겠다는 목표를 가지고 있는 학생이 하는 공부는 확연히 다르다.

자기이해능력

패션디자이너 이상봉, 가수 윤하, 발레리나 박세은, 외과의사 송명근을 등장시켜 자기이해 능력이 뛰어난 사람이 자신의 분야에서 뛰어난 성과를 보인다는 이야기는 다수의 책과 EBS 방송 등을 통해 익히 알려져 있다. 이 네 사람의 강점지능 3가지를 살펴보면 다음과 같다.

이상봉 : 디자이너 공간지능, 언어지능, 자기이해지능

송명근 : 논리수학지능, 자연친화지능, 자기이해지능

박세은 : 신체운동지능 대인관계지능, 자기이해지능

윤하 : 음악지능, 언어지능, 자기이해지능

자신이 무엇을 잘 하는지 자기성찰이 이루어져야 한다. 내가 이것을 왜 해야 하는가에 대한 이유를 생각하며 스스로 토대를 다지는 사람만이 성공할 수 있다는 것이다.

자, 이제 나 또는 내 자녀가 어떤 능력을 두드러지게 나타내고 있는지 생각해 보자. 그리고 그 중 강점이 되는 지능 3가지를 조합하여 꿈꾸는 직업과 연관 지어 나에게 적합한 직업인지를 생각해 보자.

1. 자기이해 활동

나의 성격, 흥미, 능력 파악하기

	적성유형	상·중·하
언어능력	말과 글로 자신의 생각과 감정을 표현하며 다른 사람의 말과 글을 이해할 수 있는 능력	
수리·논리력	복잡한 현상을 수식화하거나 논리적으로 사고하여 문제를 해결하는 능력	
음악능력	노래 부르고 악기를 연주하며 감상할 수 있는 능력	
자기성찰능력	자신의 생각과 감정을 알며 자신을 돌아보고 감정을 조절할 수 있는 능력	
공간·시각능력	머릿속으로 그림을 그리며 생각할 수 있는 능력	
신체·운동능력	신체를 움직이고, 정교한 작업을 할 수 있는 능력	
대인관계능력	다른 사람들과 더불어 살아갈 수 있는 능력	
자연친화능력	자연에 대하여 관심을 가지고 탐구·보호할 수 있는 능력	
창의력	새롭고 독특한 방식으로 문제를 해결하고 아이디어를 내는 능력	

2. 진로정보 탐색활동

학업정보 탐색, 입시정보 탐색, 학교정보 탐색, 직업정보 탐색, 자격 및 면허제도 탐색, 학교 방문, 직장 방문, 직업훈련 등

활동일시	20** 년 * 월 * 일 * 요일 (초등)		
활동주제	직업 탐색	활동장소	교내
활동구분	○자율활동 ○동아리활동 ○봉사활동 ✔진로활동		
활동동기 활동목적	세상의 다양한 직업 알아보기		

다양한 직업을 찾아보기로 한 이유를 함께 작성한다.

활동내용 느낀 점	책 속 직업 탐방 직업 옆에 직업 옆에 직업 / 파트리시아 올 저 / 미세기 처음 만나는 직업책 / 김향금 글 / 미세기 만화로 보는 직업의 세계 / 와이즈멘토 저 / 동아일보사 자신만만 직업 여행 / 최옥임 글 / 아이즐북스 다 같이 돌자 직업 한 바퀴 / 이명랑 글 / 주니어김영사 일의 미래 / 린다 그래튼 저 / 생각연구소 신문 속 직업 탐방

신문 검색을 통해 다양한 직업을 조사하여 함께 기록한다.

뜨는 직업이 있으면 지는 직업이 있다. 다양한 직업 가운데 미래가 밝은 직업을 찾고 그렇게 생각한 이유를 함께 쓴다.

활동일시	20** 년 * 월 * 일 * 요일 　(중등)		
활동주제	직업 탐색	활동장소	교내
활동구분	○자율활동 ○동아리활동 ○봉사활동 ✔진로활동		
활동동기 활동목적	미래 전망이 밝은 직업 알아보기		
활동내용 느낀 점	미래 유망 직종 찾기		

녹색 기술 산업 19가지
- 태양광발전 연구 및 개발자　　– 해수담수화연구원
- 하이브리드동력시스템개발자　– 선박환경기술자
- 방열시스템기술자　　　　　　– LED조명시스템기술자

첨단융합산업 20가지
- 시스템반도체 연구 및 개발자　– 퓨전음식개발자
- 지능형로봇 연구 및 개발자　　– 기능성식품연구원
- 나노 기반기술 연구 및 개발자　– 생명정보학자

고부가서비스산업 9가지
- 의료관광코디네이터　　　　　– 국제의료마케팅 전문가
- 의료통역사　　　　　　　　　– 국제회의기획자
- 탄소거래중개인　　　　　　　– 모바일프로그램개발자

해외 Green Job 7가지
- 에코 컨설턴트　　　– 생태학전문가　　　– 기후변화관리자
- 그린상품개발자　　– 도시 조경가　　　　– 에너지공학자

전자 신문 검색을 통해 미래 유망 직종을 조사하여 함께 기록한다.

3 진로계획활동

학업 및 직업에 대한 진로 설계, 진로지도 및 상담활동

활동일시	20** 년 * 월 * 일 * 요일　(고등)
활동주제	진로상담　　　　　　　　활동장소　　　어린이대공원
활동구분	○자율활동 ○동아리활동 ○봉사활동 ✓진로활동
활동동기 활동목적	이과를 선택해야 할지 문과를 선택해야 할지 고민이다.
활동내용 느낀 점	진로담당 선생님과 상담을 하였다. 문과를 갈 것인지, 이과를 갈 것인지가 고민이었기 때문이다. 사실 나는 아직 확실한 꿈이 없다. 그래서 이과를 가야할지 문과를 가야할지를 정하기 힘들다. 문과를 지원하자니 대학 문과 취업의 문이 좁고, 이과를 지원하자니 과학이 어렵기 때문이다. 그래서 진로담당 선생님과 상담을 했는데, 선생님께서 진로적성검사 결과가 나오면 다시 이야기 하자고 하셨다. 진로적성검사와 다중지능검사 결과가 나오면 나의 성향을 파악할 수 있다고 하셨다. 그런데 걱정이다. 다중지능검사에서는 내가 자연탐구지능이 높은 것으로 나왔는데 난 과학을 좋아하지 않는다. 진로적성검사 결과까지 나와야겠지만 일단은 고민이다.

해결이 되지 않은 진로상담도
기록하여 둔다.

활동일시	20** 년 * 월 * 일 * 요일 (초등)		
활동주제	진로상담	활동장소	어린이대공원
활동구분	○자율활동 ○동아리활동 ○봉사활동 ✔진로활동		
활동동기 활동목적	이과를 선택해야 할지 문과를 선택해야 할지 고민이다.		
활동내용 느낀 점	학교에서 비전 선언문을 작성했다. 비전이란 '내다보이는 장래의 상황', '전망'이라고 한다. 이런 비전이 밝으려면 내가 항상 지키려고 노력할 무언가가 있어야 한다고 했다. 그래서 비전 선언문을 작성해 보았다. 비전의 조건 - 첫째, 크고 가슴이 뛰어야 한다. - 둘째, 생생하게 그려볼 수 있어야 한다. - 셋째, 비전은 기록으로 남겨 생명력을 갖게 한다. 아놀드 슈왈제네거는 다음의 비전 선언문을 작성하고 실제로 이루었다고 한다. - 첫째, 영화 배우가 되겠다. - 둘째, 케네디가의 여인과 결혼하겠다. - 셋째, 2005년에 CA주지사가 되겠다. 이하람의 비전 선언문 나의 꿈은 통역가 직업을 갖는 것이다. 이 꿈을 이루기 위해 나는!! 첫째, 2012년까지 성균관대 영문학과에 갈것이다! 둘째, 2018년까지 취직에 성공하기! 내가 마음에 들만한 조건의 셋째, "숨마쿰라우데"라는 Book cafe를 만든다. 〈 보영이와 동업! 〉 +) 가로수길, 홍대거리		

4. 진로체험활동

학업 및 직업 세계의 이해, 직업체험활동 등

활동일시	20** 년 * 월 * 일 * 요일　(초등)
활동주제	진로체험활동　　　　　　　　　활동장소　　　집
활동구분	○자율활동 ○동아리활동 ○봉사활동 ✓진로활동
활동동기 활동목적	진로체험 하기
활동내용 느낀 점	직업을 체험할 수 있는 곳은 키자니아(www.kidzania.co.kr), 한국 잡월드(www.koreajobworld.or.kr), 경찰박물관 등이 있다. 그 중에서 나는 엄마와 함께 키자니아와 한국 잡월드에 다녀왔다. 한국잡월드 키자니아에서는 미디어, 서비스에 관한 직업 등 다양한 직업이 있었고, 한국잡월드는 직업에 대한 생각과, 진로를 설계할 수 있는 곳도 있어서 좋았다. 외교관이 꿈인 나에게 딱 맞는 체험이 없는 것은 아쉬웠지만 다양한 직업을 경험해 볼 수 있어서 좋았다.

활동일시	20** 년 * 월 * 일 * 요일 (초등)		
활동주제	진로체험활동	활동장소	집
활동구분	○자율활동 ○동아리활동 ○봉사활동 ✔진로활동		
활동동기 활동목적	외교관에 관해 이해를 하기 위해		
활동내용 느낀 점	[5학년 2반 오마리, 외교관되다]란 책을 읽었다. 동화로 재미있는 상상력이 곁들여진 이야기 책이었다. 주인공 오마리는 5학년 2반이다. 그 반에는 생김새와 피부색이 달라 왕따를 당하는 혼혈아 친구 알리도 있다. 그러다가 직업체험을 하면서 마리가 서기관이 되어 우리나라 음식과 문화를 알리고 무역 협상을 하는 등 다양한 외교 업무를 처리하게 된다. 이 책을 읽으면서 외교관이 어떤 일을 하는지 알 수 있게 되었다. 옛날에는 외교관은 멋진 드레스나 정장을 차려입고 파티에만 참석하면 되는 줄 알았는데 그게 아니라는 것을 알았다. 나도 나라를 위해 힘쓰는 외교관이 되려고 한다. 그러기 위해서는 앞으로 영어공부를 더 열심히 해야 된다. 또 다른 나라의 문화에도 더 관심을 가져야겠다.		

직업의 이해를 돕기 위해 읽은 책의
내용과 자신의 생각을 함께 기록한다.

5. 진로를 위한 책읽기

　진로를 위한 책읽기는 초등~고등학교까지 단계별로 연계하여 읽도록 하자. 예를 들어 초등학교에서는 다양한 직업에 관한 책으로 하는 일 등을 알아가고, 중학교에서는 원하는 분야에 대한 지식이 담긴 책을 읽어 하나의 꿈을 목표로 삼게 하자. 그리고 고등학교에서는 그 분야의 경험을 가진 사람의 이야기를 통해 꿈을 구체적으로 만들어가도록 한다.

활동일시	20** 년 * 월 * 일 * 요일　 (중등)		
활동주제	진로를 위한 책읽기	활동장소	집
활동구분	○자율활동 ○동아리활동 ○봉사활동 ✔진로활동		
활동동기 활동목적	꿈을 이룬 사람들의 책을 통해 나의 꿈 설계하기	책을 읽고 직업에 대해 알게 된 점과 자신의 생각 등을 쓴다.	
활동내용 느낀 점	별난 외교관의 여행법 　　　　　　　　　　　　　　　　　　　-중 3학년 아직까지도 우리나라에서 좋은 차를 타고 대사관에서 고상하게 앉아 열심히 일에 몰두하고, 저녁엔 파티에 참석하는 그런 이미지가 대중들 사이에서의 외교관의 이미지다. 나 역시 외교관에 대한 꿈을 가지고 여러 책을 찾아 읽기 전까지는 그런 생각을 했었다. 사실 책으로 접한 지금도 외교관에 대한 로망 내지 동경 같은 것이 남아있다. 자동차에 우리 태극기를 꽂고 달리고, 단정한 정장을 입고 여러 나라의 사람들과 회의에 참석하는 그런 멋진 모습 말이다. 하지만 사실 내가 외교관이 되고 싶어 했던 이유는 '나라를 위해 이 한몸 바치고 싶어서라기보다는 이 나라 저 나라 옮겨 다니며 여러 문화와 사람들 접해보고 싶어서였다. 이 책은 외교관의 여러 모습 중 내가 가장 흥미 있어 했던, 그리고 이 직업을 꿈꾸게 했던 그 모습을 가장 잘 묘사해준 책이다 〈이하생략〉		

활동일시	20** 년 * 월 * 일 * 요일 (고등)		
활동주제	진로를 위한 책읽기	활동장소	교내
활동구분	○자율활동 ○동아리활동 ○봉사활동 ✔진로활동		
활동동기 활동목적	꿈을 이룬 사람들의 책을 통해 나의 꿈 설계하기		

활동내용
느낀 점
	국제기구에서 일하는 것을 희망하는 장** 학생
	
	읽은 책
	: 세계를 움직인 12명의 여왕들
	  바보처럼 공부하고 천재처럼 꿈꿔라
	  세상을 끌어당기는 말, 영어의 주인이 되라
	
	책을 통해 얻은 지식
	: 세상을 보기 위해서는 하나의 일만 잘 하는 것이 아니라 자기 분야는 물론 다른 분야의 지식도 가지고 있어야 한다는 것을 알았다. 또 어떤 상황에서든 머리를 잘 굴려 그 때에 맞는 지혜를 발휘해야 한다는 것을 배웠다.
	
	책을 통해 얻은 철학
	: 내가 어느 자리에 있던 검은 돈은 받지 않고 높은 지위에 있다고 으스대지 않고, 남을 무시하지 말아야 할 것이다.
	내 권력을 이용해서 돈 욕심을 채우거나 사익을 챙기지 말아야겠다.
	
	책을 통해 키운 미래
	: 반기문 아저씨와 같이 UN이나 UNICEF에서 일하면서 최고의 자리까지 올라간 최초의 여성이 되고 싶다.		

길게 장문으로 써도 좋지만 지식,
철학, 미래 등 중심어를 바탕으로
글을 정리하여도 좋다.

6. 자기소개서

활동일시	20** 년 * 월 * 일 * 요일 (초등)
활동주제	자기소개서 **활동장소** 교내
활동구분	○자율활동 ○동아리활동 ○봉사활동 ✔진로활동
활동동기 활동목적	나의 롤 모델 생각하기

활동내용 느낀 점

선생님께서 꿈을 이루기 위해서는 닮은 싶은 사람이나, 닮은 것은 품성 또는 철학 등이 있어야 한다고 하셨다. 그래서 나는 누구를 닮고 싶은지, 그리고 무엇을 닮고 싶은지 곰곰이 생각해 보았다.

> 의사는 슈바이처, 간호사는 나이팅게일처럼 닮고 싶은 사람도 좋지만 어떤 인물의 성향 등도 롤 모델이 될 수 있다.

내가 닮고 싶은 롤 모델

 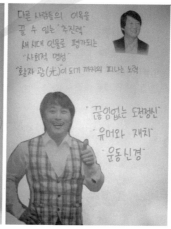

어떤 친구는 스티브 잡스의 포기하지 않는 집념과 끈기 그리고 노력을 닮고 싶다고 했다.
또 김명민의 자기 직업에 대한 사랑과 책임감 그리고 열정을 닮고 싶다고 했다.
나는 김병만의 끊임없는 도전정신 그리고 유머와 재치를 닮고 싶다고 했다.

활동일시	20** 년 * 월 * 일 * 요일　(중등)		
활동주제	직업 세계의 이해	활동장소	집
활동구분	○자율활동 ○동아리활동 ○봉사활동 ✔진로활동		
활동동기 활동목적	자기소개서 쓰기		
활동내용 느낀 점	자기소개서는 중학교 때 /년에 한 편씩 써 보는 것이 좋다고 하셨다. 그래서 어떻게 써야 하는지를 알아보았다. 나를 나타내는 에세이 쓰기 대학마다 다른데 500/700/1000/1200/1500자 중 항목별 선택하여 쓰도록 하고 있다. 자신의 성장과정과 가족환경 : 자신만의 환경에서 자신이 발견한 행복 　가족들의 간략한 소개와 그 속에서 자신의 모습 　성장과정에서 만들어진 자신의 장점과 느낀 점 친구들과의 관계에서 자신이 발견한 장점과 느낀 점 : 학교라는 사회에서 자신의 모습 　자기만의 특별한 경험으로 꼭 표현하고 싶은 사항 　자신의 미래 목표를 위해 노력한 과정과 역경극복의 사례 　목표를 세웠던 동기와 지원한 분야를 위한 노력과 준비 　고등학교 재학 중 자기 주도적 학습경험과 교내·외 활동 　입학 후 학업계획과 진로계획 등 그 외 : 롤모델 (나의 꿈과 진로 또는 품성과 철학에 맞는) 　진로탐색활동 (꿈에 맞는 직업 조사를 통해 느끼게 된 점) 　전문지식 (진로에 필요한 교양적, 전공적 지식 습득 과정) 　동아리활동 (동아리의 목표에 맞는 주도적 활동과 결과물) 　봉사활동 (지속적이고 분명한 목적의 봉사활동) 　대회참가 (목표의 도전과 과정에서 의미가 있는 활동) 　독서활동 (책을 통해 접한 꿈과 진로, 철학적 접근 등)		

자신의 이야기뿐 아니라
배운 내용을 기재하여도 좋다.

체험활동: 자기소개서 속으로 들어가다

1. 자신의 성장과정과 이러한 환경이 자신의 삶에 미친 영향에 대해 기술하세요.

::: 이 문항의 경우 학생의 가치관을 정립시켜 준 가정 배경에 대해 알아보고자 하는 문항입니다. 따라서 화목하고 행복한 가정 분위기였음을 강조하면 좋습니다. 올바르고 긍정적인 가치관 정립에 있어서 부모님과 형제들의 선한 영향력을 강하게 어필하세요.

부모와 함께 한 체험이 삶에 어떤 영향이 미쳤는지를 구체적으로 설명합니다.

2. 지원동기와 지원한 분야를 위해 어떤 노력과 준비를 해왔는지 교내·외 활동 중 본인에게 가장 의미 있다고 생각되는 활동을 기술하세요.

::: 지원한 학과에 어떤 마인드로 지원하게 되었는지 그리고 앞으로 어떤 비전을 품고 있는지를 확인하기 위한 문항입니다. 그리고 지원한 학과에 입학하기 위해 고등학교 시절 어떤 노력을 해왔는지를 알고자 이 문항을 제시하고 있습니다. 예를 들자면 수학교육과 지원인 학생의 경우 수학과목에 관심이 많았고 내신성적이 다른 과목과는 달리 수학이 좋다면 굉장한 강점으로 작용할 수 있습니다. 그리고 수학 관련 동아리활동을 한 경우 가산점을 받을 수 있습니다. 그러나 전혀 상관 없는 동아리활동은 감점요인입니다. 그러므로 수학과 직접적인 관련이 없는 활동이라면 그 속에서 수학과 연관지을 수 있는 것을 찾아내어 작성합니다. 예를 들어 건축과를 지원하는 학생이 교내 역사탐방을 할 경우, 사학과가 아니기에 쓸모없는 것이 아니라 역사속 건물 속에서 건축에 관한 체험을 꺼내어 기록하면 됩니다.

3. 입학 후 학업계획과 향후 진로 계획에 대해 기술하세요.

::: 입학 후 1학년부터 4학년까지 어떤 학업계획을 갖고 있는가를 묻는 문항입니다. 되도록이면 매우 구체적으로 작성하시면 좋습니다. 동아리활동, 어학연수, 자격증취득, 봉사활동 등 어떻게 전개할 것인지를 상세히 기록하세요. 그리고 진로 계획의 경우 지원한 학과 졸업 후 어떤 기업에 취업할 것인지를 적는 것이 좋습니다. 영문학과 지원인 학생이 무역사라는 직업에 관심 있다고 한다면 누가 합격을 시켜주겠습니까. 이러한 점에 유념하여 함정에 빠지지 않도록 논리적으로 작성하세요.

4. 자신이 겪었던 가장 큰 어려움은 무엇이며 그것을 극복하는 과정을 통해 자신의 어떤 부분이 성장하였는지 기술하세요.

::: 가장 큰 어려움을 묻는 위 문항의 경우 어떻게 극복했는지 유연한 사고와 위기관리능력 등을 묻고 있습니다. 대학생활 중 발생할 수 있는 위기 상황을 어떻게 극복할 것인지에 대한 물음이라 할 수 있습니다. 따라서 최대한 대학생활을 염두에 두고 작성하시는 것이 좋습니다. 예를 들자면 학비 문제로 인해 어려움을 겪을 때 어떻게 극복할 것인지가 대학생활에서 중요한 문제이기 때문에 고등학교 때 용돈문제 등을 거론하며 어떤 식으로 충당했는지를 서술하시면 좋을 것 같습니다. 그리고 인간관계 등을 어떻게 극복했는지 등 어려운 상황을 최대한 지혜롭게 해결했음을 어필하세요.